住まいから始まる
幸せの生涯設計を提案します

目標をもって人生を面白く生きる

リビングライフグループ代表
炭谷久雄

プラチナ出版

はじめに

バブル崩壊後の冷え切った市況のなか、たった一人で立ち上げた株式会社リビングライフもまもなく創業30年を迎えます。

リビングライフは「住まいから始まる幸せの生涯設計」という創業の精神のもと、地域のお客様の幸せな住まいづくりに貢献してきました。

少子高齢化が進む日本では、家余りが起こり社会問題となっています。空き家問題、住宅の供給過多、オリンピック後の土地値暴落など、不動産業界の将来をネガティブに捉えている方も多いように見受けられます。

私自身はそのような心配は抱いていません。というのも、人には必ず「住まい」が必要だからです。人はみな幸せに暮らしたいと考えます。幸せのかたちはさまざまだとは思いますが、そこに家が大きなウェイトを占めることは間違いがありません。

とはいえ、ただ家をつくって提唱するだけでは現在のニーズにはマッチしません。昨今は、住宅も「量」から「質」が求められる時代になってきました。

私たちも、時代のニーズに合わせて、「家をつくること（量）」から、お客様のご家族が生涯幸せに暮らす「住まいをつくること（質）」の提案へと転換してきています。

お客様に満足していただくことに留まらず、その先にある感動を提供することがリビングライフの使命です。

そして、「社員の成長なくして会社の成長なし」という考えのもと、常に学び行動してお互いに高め合っていく努力をしています。お客様に感動していただき、その感動を共有できることは社員にとっても大きな喜びであり、成長の原動力にもなっています。

創業時はバブル経済の破たんの影響を受けており、マイナスともいえる市況からのスタートでした。そらに、その後のリーマンショックでは経営の危機に陥ったこともあります。

そうした困難を乗り越えて今があります。幾多の苦労がありましたし、それ以上の喜びも数え切れないくらいありました。

ここまで来れたのはお客様、従業員、関係会社様、かかわったすべての方々のおかげです。そこで、お礼の意味もこめて、私たちの「想い」を本書にまとめることにしました。

会社の軌跡から、どのように考えてビジネスを行っているのか、またこれからのビジョンなど。私だけではなく、役員、社員の考えも述べさせていただきました。

ぜひ私たちの「想い」を知ってください。

令和元年9月吉日

リビングライフグループ代表　炭谷　久雄

２０１２（平成24）年6月発行の前著「初めて家を持つ人を応援する　住まいの〝ぜんぶ〟を引き受ける「リビングライフ」のオンリーワン戦略」より「はじめに」を転載

国際競争力を失い、弱体化が進む経済。そこに襲った東日本大震災。まさに〝泣き面にハチ〟という状況の日本だが、荒廃した地からも新しい芽は伸びはじめる。

特に昨年の大震災は、多くの日本人に、新たな気づきをうながしたようだ。それは、幸福はどこに根ざしているのか、という人が生きていくうえでもっとも基本的な、そして、最も重要な問いかけだった。

津波で家を流された人、原発事故の影響でわが家から離れざるを得なくなった人、そうした人々の、わが家に対する深い思いをテレビ映像などで見聞きしながら、住まいは人生の場そのものであり、幸福の基本であると感じると同時に、家族とともに生きていくわが家をもっと大事に考えようと、多くの人々が改めてわが家の持つ大きな意味を認識したのである。

それを象徴しているのが、最近の住宅業界の動きではないか。不動産経済研究所の調べによれば、２０１２（平成24）年1月の実績で、首都圏の建売住宅は対前年同月比で14・2％増、マンションは同じく対前年同月比32・6％増と、震災前の需要を大きく上回る活況ぶりを示している。

震災後、大きく沈み込んだ消費者マインドのなかで、いち早く住宅需要が元気を取り戻したことは、人々が人生の幸福は住まいからはじまることを再認識した証ということはできないだろうか。

こう考えたとき、私の脳裏にくっきり浮かんできたのが、本書の主役である株式会社リビングライフ（本社：東京都世田谷区）の代表取締役・炭谷久雄氏である。

炭谷氏と私の出合いは数年前にさかのぼる。私が28年間パーソナリティを勤めているラジオ番組にゲストとして出演していただいたことがあり、含蓄深いお話をうかがったことがあるのだ。炭谷氏は、「住まいからはじまる人生の幸福づくり」を企業理念に掲げ、住宅事業を中心に、不動産に関するビジネスを幅広く展開している人物だ。

炭谷氏が経営するリビングライフは、「住まいからはじめる生涯幸福設計」をコンセプトに、常に、人が幸福な人生を送るための住宅を提供するという考えを貫いてきた。

売買仲介事業から一戸建て住宅、分譲マンションへと社業を拡大してきたのも、「住まいは生涯幸福の原点だ」という考えにもとづくもので、顧客の生涯にわたる住宅ニーズのすべてを満たしたいという強い願いがそこにある。現在ではさらに進化し、リノベーション、リフォーム、マンション管理、パーキング事業、不動産の積極的活用を行うアセットマネジメント業など、不動産にかかわるニーズのすべてにワンストップで応えるトータルソリューション機能を持つ組織を構築している。

この企業構造はいうまでもなく、企業としての安定・発展にも理想的なかたちになっている。

私が炭谷氏に再びお会いしたいと思ったのは、数年前に、いや、20年以上前の創業時から、炭谷氏は、住まいと人生の幸福をしっかり結びつけて考えていたことが強く印象に残っていたからだ。

炭谷氏は創業当時から、住宅産業が果たすべき最大の使命は人の生涯幸福の原点となる住まいを提供することだという理念を持ち、それにもとづいてビジネスを展開してきた。その理念は、今回の東日本大震災の経験を経て、いま、多くの日本人が共通して持つ価値観となっていると思われたのだ。

一別以来数年、炭谷氏に再会し、リビングライフは実に数年前の予想をはるかにしのぐ企業規模に成長しており、事業内容も時代の最先端をいくものに進化させていた。このことにも目を見張った。現在、リビングライフでは「環境」をキーワードにした住宅・マンションの提供に力を注いでおり、さらに、業界初の分譲マンションの管理費負担をゼロにする独自のスキームも導入している。

本質を見失わないビジネスは、結果的には大きな繁栄をもたらすということだ。

炭谷氏がリビングライフを創業したのは1990（平成2）年。バブル経済が崩壊した直後で、日本経済は混乱のさなかにあった。特に不動産業界はバブル崩壊の波をもろにかぶり、毎日のように、「あそこがつぶれた」「ここが倒産した」というニュースが飛び交い、まさにカオスそのものだった。

だが炭谷氏は、「こういうときこそ、幸福な人生の基点となる健全な住宅をしっかり提供していかなければならない」と、敢然と起業に踏み切った。火中の栗を拾うともいえるそんな行動を支えたのが、炭谷氏が信頼する「3KM」発想である。

「3KM」は、同じく住宅産業の土屋ホーム（現株式会社土屋ホールディングス、本社：北海道札幌市）の創業社長・土屋公三氏（現会長）が提唱する、人生の幸福設計理念である。幸福を実現するための目標を3つの「K」、つまり「個人」「家庭」「社会（会社）」に分けて考えていくところに最大の特徴がある。

具体的には、一人ひとりが3要素における目標設定を、たとえば年に一度など定期的に行い、これも定期的に、自ら設定した目標がどこまで達成されたかをチェックしていく。「M」は、「目標（Mark）」、「管理（Management）」、「意欲（Motivation）」を意味し、これらは目標達成を確実化するためのスキルになる。

土屋ホームはこの3KMを企業理念にして創業し、当時、すでに大きく成長を遂げていた。だが、炭谷氏が強く心惹かれたのは、めざましい成長力よりも、個人・家庭の幸福の実現をめざしつつ、社会の幸福にも貢献することが社員の共有意識となっている土屋ホームという企業のあり方だった。

早速、3KMについて勉強し、ますますその理念に心酔した炭谷氏は、「自分もこういう会社をつくりたい」と思うようになる。そして、バブル崩壊の逆風が吹くなかで、たった一人で小さな事務所を立ち上げたのである。

現在、リビングライフの年商は約150億円。リーマンショックの直前はこの2倍くらいの年商規模だったが、リーマンショック後はより堅実な方向へと舵を切り、今日では足腰の強い、筋肉質の経営体質に鍛えなおしている。

また、リビングライフでは、「初めて家を持つ人を応援する」という姿勢を大事にしている。実は、不動産業界では大手のシェア拡大がじわじわと進んでいる。ところが大手はその経営構造上、どうしても高価格帯の住宅・マンションの供給に集中しがちなのだ。

「社会を支える若い世代の中間層は、実際そんな高い住宅は買えないのです。そういう人たちが無理なく買うことができ、しかもクオリティ的には他社の住宅・マンションとは遜色がないものを提供することに私は使命感を持っています」

炭谷氏のこうした発言を裏づけるように、リビングライフが現在展開している物件は、住宅・マンション、どれをとっても、リビングライフでなければできないオンリーワンの魅力に満ち、多くの顧客を惹きつけている。

本書では、リビングライフの企業理念のベースとなっている「3KM」について紹介するとともに、同社が手がける各事業について紹介し、リビングライフの全容に迫りたいと考えている。

炭谷氏の理念・考えを知ることで、読者一人ひとりが自分自身にとって、より幸福な人生とは何か、そして、そのためには何をすべきかを考える一つのきっかけとなれば幸いである。また、リビングライフの事業展開からは、低迷する日本経済のなかにあっても、どのような視点を持てば活路が開けるかという、多くの学びを得られるものと確信している。

2012（平成24）年6月

目次

第1部 第2章

長く愛される会社をつくる

第2部
志は一つ

これからの不動産仲介業と人材育成について
株式会社リビングライフ住宅流通事業部執行役員本部長代理　田村恭一……157
店舗展開について、その戦略と考え方
株式会社リビングライフ住宅流通事業部執行役員部長　池上裕治……163
住宅流通事業部の仕事について
株式会社リビングライフ住宅流通事業部部長　佐藤広顕……166
初めて家を持つお客様を応援します
株式会社リビングライフ住宅流通事業部次長　當　裕介……169
リビングライフグループにおける賃貸事業部のミッション
株式会社リビングライフ賃貸事業部店長　佐藤卓磨……172
自社物件開発・企画の心構え
株式会社リビングライフディベロップメント事業部事業企画部・開発部本部長代理　三村幸治……177
ものづくりの視点からのホスピタリティについて
株式会社リビングライフディベロップメント事業部建設部部長代理　赤野一将……180
ディベロップメント事業部の営業とは
株式会社リビングライフディベロップメント事業部営業部部長　近藤智紀……184
オーナー様と住む方が共に満足する、住まいづくりへの道
朝日建設株式会社代表取締役　中川秀樹……188
安心と満足と感動をしていただくために
朝日建設株式会社専務取締役　山崎貴夫……192

世代を超えた良質な賃貸マンションの供給
朝日建設株式会社営業部部長　佐藤秀明……196
今後の朝日建設
朝日建設株式会社工事本部工事部部長　大西　一……199
ワンストップでお客様への貢献
朝日建設株式会社工事本部リニューアル部部長　齋藤直隆……203
人の和とやる気で作ろう朝日建設
朝日建設株式会社総務部部長　相澤宏之……206
これからの賃貸管理のあり方
朝日建設株式会社賃貸管理部課長　宮内大介……210
お客様に必要とされる住まいづくりについて
株式会社東横建設開発本部取締役本部長　我妻　理……213
世代と世代をつなぐ用地仕入れ営業という仕事
株式会社東横建設住宅事業部執行役員部長　竹中和広……221
お客様に喜んでいただくための家づくり、設計部の設計力とは
株式会社東横建設設計部次長代理　菊地大輔……227
アフターメンテナンスから得られた施工品質向上の鍵、現場の安全意識改善中
リビング建設株式会社工事課次長　橋本建一……230
土地の資産活用を通じた社会貢献事業を目指して
株式会社リビングセンターパーキング事業部次長代理　内田貞治……233

本文デザイン・装丁／吉村　朋子
DTP／トゥエンティフォー

第1部 第1章

初めて家を持つ人を応援したい

人と街をつなぐ不動産のトータルソリューション

リビングライフが創業したのは１９９０（平成２）年7月です。

個人・家庭・社会の生涯幸福設計という理念を掲げて創業しました。

創業の直前、１９８０年代半ばから終盤にかけてはバブル経済の真っただ中で、不動産や株式などの資産価格が大幅に高騰し、特に不動産価格の高騰ぶりはすさまじいばかりでした。

「東京の山手線内側の土地価格で、アメリカ全土が買える」と騒がれたものですが、その段階で、ちょっと頭を冷やして考えれば、「これはおかしい！」と気づいたはずです。

こうしたバブル景気は1900（平成2年）冒頭にあっけなく弾けて、とりわけ不動産価格は急落しました。日本経済は以後、それまで経験したことのない長いトンネルに突入します。

それから現在まで、小さな景気高揚は何度かありましたが、そうしたミニバブルもその都度に弾け、景気曲線も人々のマインドも上がったり下がったり。

不動産業はこの時代のうねりをもろに受けてきた産業の代表格といえるでしょう。

リビングライフの創業はバブル崩壊の直後。1990年代から2000年代の景気変動に翻弄されながらも、徐々に取り扱い領域を拡大し、今日の全方位体制をつくりあげてきました。

それは、人と街をつなぐ不動産のトータルソリューションです。

お客様の抱える個々の悩みやニーズに応えるだけではなく、総合的に問題を解決するサービスを行っています。それが「人と街をつなぐ」という意味です。

具体的にいえば、お客様には人生のステージ、家族の状況などにより、住まいに関してさまざまなニーズがあります。

私どもは、『初めて家を持つ人を応援する』を企業コンセプトにしていますが、一人ひとりのお客様の一生に通じて生じる、すべての不動産ニーズに応えられるオンリーワン企業になることを目指しています。

そして、お客様一人ひとりに「幸せ」と「感動」を提供したいと考えています。


人は生まれてから死ぬまで、不動産と無縁では過ごせません。

初めは親の家で暮らし、社会人として独立したばかりのときは賃貸アパートか賃貸マンションに住みます。しばらくして結婚し、分譲マンションや戸建住宅を購入します。

そこで子どもができて家族が増えます。住む家は、広さはもちろん、良い環境であることも重視されるでしょう。

やがて子どもが独立し、再び夫婦が向き合うライフステージを迎えれば、もう子ども部屋はいりません。手入れが必須の庭付の戸建て住宅より「ほど良い広さのマンションに住み替えたい」というニーズに変わることもあるでしょう。

住宅のニーズは、「生涯にわたり変化しつづけるものだ」と考える私は、どんなニーズにもワンストップで応えられる不動産会社を目標に、今日までステップ・バイ・ステップで進んできました。

サポート」いたします。

不動産のあらゆるニーズに

60代

独身

介護

80代

保有不動産の管理を委託したい	マンション・アパート経営、マンション建設を考えている方へ	不要となった不動産をご売却したい	資産、相続対策を考えている
●所有不動産の管理やバリューアップ相談なら 株式会社リビングセンター ●マンションの管理なら 株式会社リビングコミュニティ	●マンション・アパートの建築なら 建築のトータル・アドバイザー 朝日建設株式会社 ●マンションの管理なら 株式会社リビングコミュニティ	●不動産のご売却なら 株式会社リビングライフ	●相続相談なら 株式会社リビングセンター

株式会社リビングライフ	コールセンター TEL: 0120-876-132 賃貸事業部 TEL: 0120-028-188
株式会社リビングコミュニティ	TEL: 03-5706-0755
株式会社リビングセンター	カスタマーサポート課 TEL: 03-5713-0356 コインパーキング事業部 TEL: 03-5706-5107
株式会社 東横建設	TEL: 03-5707-2255
リビング建設株式会社	TEL: 03-5707-2530
建築のトータル・アドバイザー 朝日建設株式会社	TEL: 0120-18-0955

リビングライフグループがお客様を「生涯

賃貸・売買・建設・リフォーム・資産活用など、グループ力を結集し、お応えするワンストップソリューションを提供します。

リビングライフは「住まいから始まる幸せの生涯設計」という創業の精神のもと、地域のお客様の幸せな住まいづくりに貢献してまいりました。

おかげさまで、住宅流通事業、ディベロップメント事業、建設事業、賃貸事業、コインパーキング事業、マンション管理事業など多彩な事業を展開し、お客様のご要望にワンストップでお応えできる総合不動産会社となりました。

グループの総合力でお客様ひとりひとりの生涯におけるあらゆる不動産ニーズにお応えし、お客様にとってのオンリーワン不動産企業となるよう進んでまいります。

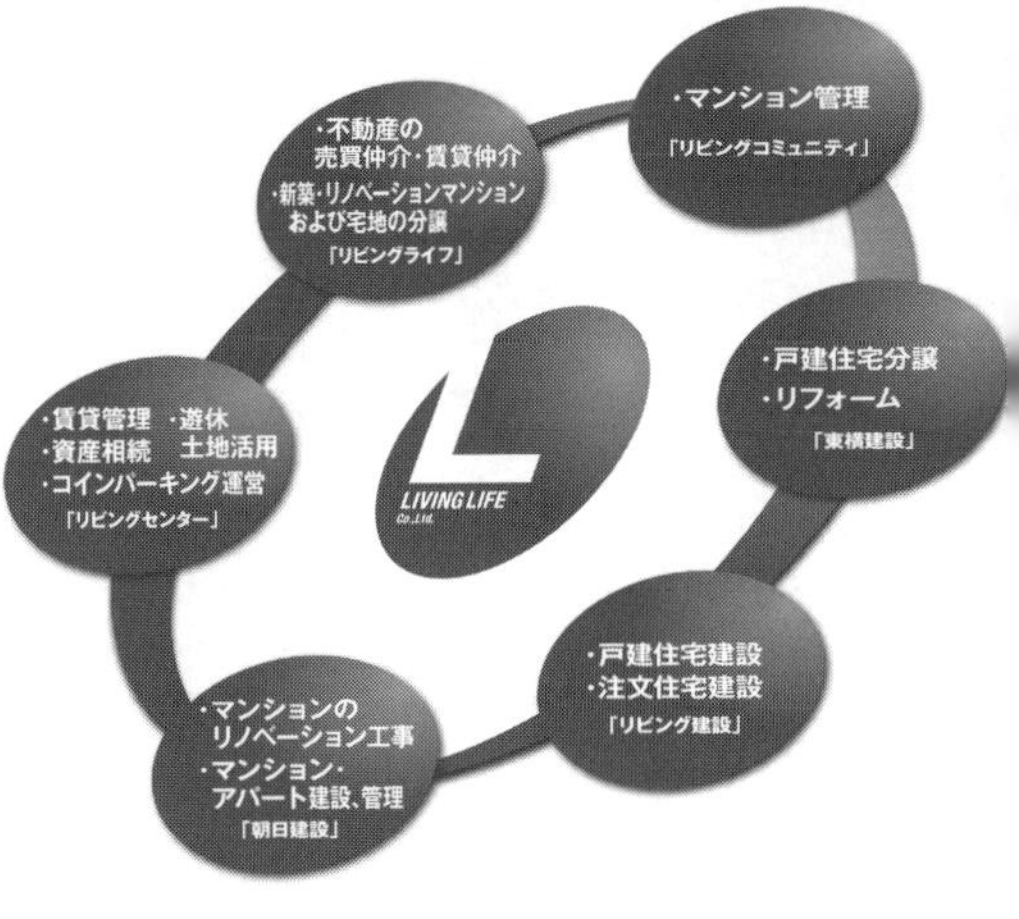

なぜ建築・不動産業を生業にしているのか

人生のなかで非常に大きな意味を持つ「家」の問題……私たちはそれにずっと向き合ってきました。

そもそも、人はなぜ働くのでしょうか？

学者・医師・政治家たちは、いったい誰のために、何のために働いているのでしょうか？

それぞれ目的があると思いますが、根本的なところで集約されると私は考えています。

それは「進化」です。

仕事を通して何かができるようになり、発展していくことを人間は根源的に求めているのと思うのです。

ですから、ビジネスをはじめるときに「金儲けをしたい」と考えるのは間違っていません。

しかし問題は、「稼いだお金をどうするか」です。私はそのお金で不動産を所有することをお勧めしています。

マイホームを購入して、家族みんなで幸せな生活を送る……とてもシンプルですが、それが幸福の形の一つだと考えます。

我が国を「衰退国」と称するメディアもありますが、どんな分野であろうと発展する余地はまだまだ残されています。そこを諦めるかどうかの問題です。

私がなぜ建築・不動産業を生業にしているのかというと、「初めて家を持つ人を応援したい」、ひいては「幸せな一生を送る人を増やしたい」からです。

私の考える幸せとは、自分の所有する家に住みながら過ごすということ。賃貸に住み続けるのではなく、自分の家に一生を通じて住んでほしいと願っているのです。

「自分の家を持ちたい」という想いを実現

賃貸住まいの人の場合、心の底では「いつかは自分の家を持ちたい」という想いを多かれ少なかれ持っています。

私は一貫して、真の幸福とは何かを見つめ、住宅ビジネスを展開してきました。真の幸福とは、先々の心配……つまり、老後の心配がないことです。住宅費という大きな出費が老後には終わっていて、お金の心配がなければ、安心して老後を過ごせます。

『初めて家を持つ人を応援する』という企業コンセプトも、こうした視点から生まれたものです。

年収300～400万円の若い世代でも、家賃に支払うお金をローン返済に回すことでマイホームが持てます。その年収で無理なく購入できる住宅・マンションとなれば、価格は3000～4000万円台が中心になります。

最近は、若いときに購入した家に一生住むケースが多くあります。

そうなれば最低でも75～85平方メートルは確保しないと、快適に住み続けることはできません。しかも、私が事業展開しているのは、東京でも人気の城南地域から神奈川・横浜・横須賀にかけてのエリアです。

3000～4000万円台、75平方メートル以上で、人気のエリア。

この3条件を満たす物件を提供するには、よほど強い信念がなければ至難です。

しかし私は、「それを果たすことこそ、リビングライフの社会的使命」と言い切り、その使命を果たすためなら、苦労することにさえ喜びを見い出しています。

そして常に、社会への貢献を自己実現の目標として掲げています。

これからの人生100年時代、幸せを感じ続けるためには自分の家に長く住んでいられることこそがポイントになります。

プール付きの豪華な自宅に住んでいるようなお金持ちがいますが、それが本当に幸せなのかというと、そうではないケースも散見されます。

お金の使い道がないからそこに使っているだけであり、普通の人々が幸せに思う家とは、そこまで豪華でなくても問題ありません。

30坪くらいの家を建てて、ペットを飼ったり庭で植物を育てたりする。もしくは住環境の良い場所で、手ごろな価格のマンションでもいいかも知れません。

そこに、元々は赤の他人だった男女二人が結婚して子どもを授かり、新しい環境のなかで心を通じ合わせるのです。これは幸せの基本形態といえるでしょう。

具体的にいえば「家を売るのが弊社の目的」ではなく、「家を買うことによって、幸せを追求してもらうのが弊社の目的」ということです。

人と街をつなぐという使命を果たす

私自身の働き方として、最初は分譲住宅やマンション販売の仲介をしていましたが、そのうちに自社の想いを込めた住宅・マンションを販売したいと考えるようになりました。

そして、建売住宅、やがてマンションの自社開発を手がけるようになりました。次いで賃貸物件の仲介、中古物件の仲介、マンション管理……と、どんどんお客様のニーズにお応えする形で関連ビジネスへと広げていきました。

今では土地活用の賃貸住宅の建設から、コインパーキング運営も行っていますが、商品が違うだけで根本にある思考哲学は同じです。

その思考哲学とは前述したように、人と街をつなぐ不動産のトータルソリューションを行っていきたいというものです。

株式会社リビングコミュニティ・株式会社リビングセンター・朝日建設株式会社・株式会社東横建設などのグループ企業を擁し、多層的で柔軟な経営形態になっています。

東横建設の社名の由来は、東急東横線を中心とした住宅供給を行うことを目的としたためです。

また、リビングライフでは東京の城南地区を中心に、川崎・横浜・横須賀とエリアを限定し、緻密なネットワークを張りめぐらせた事業領域を確立しています。これも、「街と人をつなぐことも住宅会社の使命の一つ」という、私の理念に基づいているものです。

ワンストップでニーズにお応えできるだけでなく、各領域の補完関係もできあがり、お客様にとっては、「リビングライフに行けば何でも相談できる！」と思っていただける企業になった達成感を覚えています。

創業から30年が経過しましたが、この間に戸建住宅を3000棟、マンションを3000戸供給してきました。

この全方位体制は、お客様からの信頼を獲得できたと同時に、結果的に、経営を支える柱を何本も持つことになり、経営リスクを分散しやすく、安定性が高まることにつながりました。

どの部門からも、次の有望ビジネスの芽を伸ばしていくことができ、多様な成長のポテンシャルも蓄えられる理想的な形になっています。

名は体を表す……社名の由来

富山の三協立山（さんきょうたてやま）株式会社は、弊社の取引先です。前身である三協アルミニウム工業の創業者、竹平政太郎氏（1909（明治42）年に誕生、2003（平成15）年に死去）は、1960（昭和35）年に「地元に働きやすい良い職場をつくりたい」という想いから、三協アルミニウムを設立されたそうです。

創業当時の基本理念のひとつで、社名の由来にもなっている「地元、得意先、従業員の三者協力で企業を伸ばしていく」という精神を現在も受け継ぎ、経営理念としています。

竹平氏は小作農以下の不安定な職業をしていた家に生まれ、相当に苦労を重ねられています。

尋常高等小学校しか出ていない貧しい生まれながら、会社を立ち上げて繁栄させているのです。そうした方が同郷であるのは、私にとって大きな励みになっています。

私のビジョンの根底には、『初めて家を持つ人を応援する』があります。この世界には至るところに人が住んでおり、皆幸せになりたいと願っています。

弊社は、そうした方々の味方となってサポートができる会社でありたいのです。リビングライフという社名は、お客様の生活における「生涯サポート」をさせていただきたいという意味で付けました。由来の原点は、「住まいを通じてお客様の幸せな生涯設計をご提案したい」という信条、つまり「LIVE＝住む＝暮らす＝生きる」「LIFE＝生涯」を表現しています。

コーポレートカラーは安定感を感じさせる青、ロゴは「真摯な姿勢」「柔軟な思想・幅広い知識」を表す白を用いて、常に上を目指す意思を持ち続ける上昇志向を表現しました。

重視したのは、その言葉を聞いてイメージを想起しやすい名前です。私がつくった組織とはいえ、企業は私物ではありません。社会的な存在であるべきだという信念を持っています。

会社の規模が大きくなれば自然と認識しますが、小さいうちから知ってもらうためには社名は大きな役割を担います。

なかには社長の名前を社名にする会社や、何の意味があるのかわからない会社もあります。前者だとホンダ、後者だとＤｅＮＡが好例でしょう。実際、ＤｅＮＡがどんな事業をしているのか即答できる人は少ないのではないでしょうか。

激動の時代だからこそ、「自分たちが何をしているのか」が、しっかりと読み取れる社名のほうが良いと考えました。

また、創業者の名前を冠すると、その企業は創業家のもので、「創業家が代々経営を受け継いでいくのが当然」というイメージが固定してしまいます。

私は、企業の後継者は創業家かどうかで決まるのではなく、企業理念を継承できる者が継いでいくべきだと考えています。理念を込めた社名ならば、末代まで通用するという想いがあるのです。

恵まれた日本の住宅ローン事情

なぜ家を買うことをお勧めするのか。

理由はシンプルで、賃貸と分譲を比較したときに月々の出費が同じでも、分譲のほうが良い仕様の住みやすい家に住めるからです。

また、日本の住宅ローンは、世界的に見てもトップクラスに条件が良いということも、お勧めする理由です。

日本では住宅ローンが過去最低水準にまで下がっているのは、皆さんご存知のとおりです。

住宅金融支援機構のデータによれば、変動金利型で一番高いのは1991（平成3）年の8・5％でした。バブル崩壊後は、徐々に下がり、1995（平成7）

年には2％台となり、現状では民間ローンの変動金利であれば1％以下、全期間固定金利型の代表といえる「フラット35」の金利推移はほぼ1％台が続いています。

変動金利についてこの20年間で見ると、金利はほぼ一定で動きはありません。これは多くの金融機関が変動金利の指標としている短期プライムレート（金融機関が優良企業に1年以下の短期で貸し出す際の最優遇金利）の金利の動きがないからです。

短期プライムレートを変動金利の指標にしている金融機関は、この金利に＋1・0％したものを変動金利の「基準金利（店頭金利）」としているのです。

実際に借りる際の金利を「適用金利」といいますが、これは基準金利から優遇幅を引いて決められます。適用金利については変動が見られますが、あくまで基準金利から引く優遇幅の変動であって金利自体はほぼ変わっていません。

ちなみに適用金利は0・5％を切る金融機関まで存在します。

よく多額の住宅ローンを組むことを心配する人がいますが、「低金利で住宅ローンを借りられる」というチャンスを掴める国はそこまで多くありません。

たとえばアメリカでは「クレジットスコア」という基準が存在します。

日本でもお金を借りたり、クレジットカードをつくったりする際には、金融機関やカード会社が審査を行いますが、その基本になるのが個人信用情報です。

個人信用情報とは、住所や氏名、電話番号などの基本的な情報から、借入金残高、クレジットカード使用状況、返済・支払いの状況などが含まれており、借り過ぎていないか、延滞歴などがないかをチェックされます。

アメリカのクレジットスコアは、これらの個人の資金状況を点数化したもので、このクレジットスコアの数値によって、融資の可否や条件が決まるといいます。

具体的には「クレジットスコアが580点以上なければ、政府の保証付きのローンが使えない」などといった点数による足切りがあるのです。

このような厳しい基準で住宅ローンが借りられたとしても、金利は4％台（30年固定金利の場合）だそうです。

それくらい住宅ローンのハードルは高いものです。アメリカ人からすると、1％以下なんてタダで借りられるのと同然なわけです。

また、正社員と比べると条件は悪くなるかも知れませんが、自営業の人でも借りられることが住宅ローンの強みといえるでしょう。

事業者であっても、確定申告を2、3期出して黒字経営ができていることを証明できれば融資は受けられます。最近では、非正規社員でも借りられるローンがあるほどです。

また、団体信用生命保険も日本ならではの仕組みです。これは、契約者に万が一のことがあったとき、保険会社が住宅ローンを代理で弁済してくれる保険商品です。

このように日本の住宅に関わる条件は、世界でも群を抜いて良いのです。ですから、そのメリットを享受しないのは、もったいないと感じます。

ライフサイクルに合った不動産の購入を！

私自身を振り返りますと、初めて家を買ったのは29歳の時です。

当時、住宅ローンという制度はあったものの、住宅ローンを取り扱う大手銀行が作った住宅専門金融会社がようやくできたころで、金利は9・8％でした。そのため「家を買う」という意識は一般化しておらず、「賃貸・公団が当然！」という時代だったのです。

もちろん、住宅に対する考え方は人それぞれです。それでもマイホームを持つことは、長い人生を彩り豊かにしてくれるものと考えます。

余談になりますが、バブル当時は誰もが「まだまだ不動産価格は上昇する」と信じ切っており、どんどん不動産が売れていきました。

そのため、「今のうちに急がないと、もう買えなくなるんじゃないか?」という不安を人々は抱いていたのです。

現実にはバブルが崩壊し、その約20年後の2008(平成20)年にリーマンショックが起こりました。こうしたサイクルの波を読むことができれば、お得に買うこともできるでしょう。

しかし、未来は誰にもわかりません。そうなれば、やはり自分のライフステージに合わせて購入タイミングを決めるしかありません。

たとえば、住宅ローンを完済できる年齢を逆算して購入を決める。子どもの誕生など家族構成が変わったときに住まいを見直す、といった視点です。

人によって条件は異なりますが、いずれにせよ自分にとって最善の手を打つのが正しいといえます。

リビングライフ沿革

平成2年	1990年	7月	会社設立
平成3年	1991年	1月	創業開始　仲介販売事業開始
平成7年	1995年	7月	業務拡張のため本社移転
平成8年	1996年	3月	(株) リビングセンターを設立
		5月	本社ビル完成のため移転
		9月	マンション受託販売事業開始
平成13年	2001年	4月	設立10周年を迎え10周年記念パーティーを開催 自民党総裁から花束をもらう
		6月	自社開発マンション第1号「ライフレビュー矢向」発売 (2001年分譲済)
平成15年	2003年	4月	分譲マンション管理業務を開始 (リビングセンター)
		7月	蒲田支店開設
		8月	コインパーキング事業開始 (リビングセンター)
平成17年	2005年	9月	川崎支店開設
平成18年	2006年	2月	「リビングライフ宣言。」を内外に発表
		10月	朝日建設 (株) がグループに参加
平成19年	2007年	12月	大規模分譲宅地　ライフアソートシリーズ発表
平成20年	2008年	4月	アセットソリューション事業部を設立
平成22年	2010年	2月	(株) リビングコミュニティ、マンション管理業務開始
		5月	マンションリノベーション事業に着手 (リリファシリーズ発表)
		7月	設立20周年を迎える
		10月	朝日建設 (株)　蒲田支店開設
平成23年	2011年	1月	(株) 東横建設　川崎支店開設
平成25年	2013年	10月	防災備蓄庫「まもりBOX」が2013年度グッドデザイン賞受賞
平成26年	2014年	4月	『ライフアソート横須賀サンサタウン』が2014年全国住宅産業協会主催「第4回優良事業表彰」受賞
		6月	りそな銀行より住宅ローンの利用促進に対して感謝状を贈呈される
平成27年	2015年	5月	『ライフアソート横須賀サンサタウン』が日本不動産学会田中啓一賞受賞
		5月	りそな銀行より住宅ローンの利用促進に対して感謝状を贈呈される
		7月	設立25周年を迎える
		7月	住宅金融支援機構より感謝状を贈呈される
		10月	鶴見センター開設。川崎支店を川崎センターへ名称変更
平成28年	2016年	1月	リビング建設 (株) を設立
		6月	住宅金融支援機構より感謝状を贈呈される
		12月	三井住友信託銀行より住宅ローンの利用促進に対して感謝状を贈呈される
平成29年	2017年	6月	住宅金融支援機構より感謝状を贈呈される
平成31年	2019年	2月	世田谷区内産業の育成・振興に貢献された方の功績を称え、企業の発展と地域産業の振興に寄与したとして　「世田谷区産業表彰」受賞
		2月	(株) リビングライフ、賃貸センター京急蒲田店を開設
		4月	賃貸センター JR蒲田店を (株) リビングセンターから (株) リビングライフに移管
令和元年		7月	新横浜センターを開設
		8月	東横建設　蒲田支店を開設

第1部 第2章

長く愛される会社をつくる

母一人子一人の家庭から大学に進学

不動産のトータルソリューション企業を育て上げた私が、どんな人生を歩んできたのか。この章では私のこれまでの歩みと、リビングライフの歩みを振り返ってみたいと思います。

私は1946（昭和21）年、日本海に面した富山県射水市で生を受けました。しかし、私には父親の記憶がありません。私が3歳になるかならないかのころ、父は病没したのです。25歳の若さだったといいます。

代わって母親が、近くの呉羽紡績工場へ働きに出るようになり、幼い私は祖母の手で育てられました。寂しくなかったといえばウソになります。

母の働きのおかげで経済的な苦労を味わうことはなかったのですが、どこか他の家とは違う、そんな思いが常に心の底に流れており、「家族の幸福を大事にしたい」という、強い気持ちが培われていったのかも知れません。

地元で小・中・高校時代を過ごし、大学は東京へ。高校時代は放送クラブに所属しており、このときに創作した録音構成番組が、NHKのコンクールで全国一位に輝いたことはいまも私の〝勲章〟です。

1966（昭和41）年、東京に出て昼間働いて夜間勉強できる明治大学第二法学部に進学したものの、おりしも大学紛争の真っただなかで、どこの大学も勉強どころではありませんでした。

東京大学の安田講堂にバリケードがつくられ学生が籠城。その学生を撃退するために警官隊が放水する。そんなテレビ画像を記憶している人もいることでしょう。

私の大学進学はそんな混沌とした時代にぶつかってしまったのです。

そうした時代が続くうちに、大学で学ぶ意味が見えなくなってしまい、退学する者も少なくありませんでした。私もそうした一人です。

大学を卒業してサラリーマンになって……そう漠然と描いていた人生の青写真はご破算となり、一から再スタートを切ることになりました。

不動産業でたちまち頭角を現す

大学を辞めた私は、すぐに仕事を見つけて、生活を安定させることが命題となりました。

とはいえ大学を中退してしまったので、大学の就職部などのルートで仕事を探すことはできません。当時は就職雑誌もインターネットもなかったのです。

そうしたなかで見つけられ、なおかつ実力しだいで高収入を得られる仕事といえば、販売や営業職に限定されます。

初めて営業職にチャレンジしたのは重機ミシン工業です。工業用ミシンのシェアが世界で40％、従業員も2000人以上いました。

ここで数年働いた後、私は活況の不動産ビジネスに飛び込みます。1980

（昭和55）年、建築会社に入社。そこで不動産の売買仲介の仕事に関わりました。

時は日本列島改造論たけなわの好景気に沸いていました。

やがてこの熱気はバブル沸騰、そして崩壊へと続いていくことになるのですが、当時の誰もがそんなことを予想すらせず、ただただ上り調子の景気の波に酔っていました。

とりわけ不動産業界は熱気を帯び、その渦のど真ん中という存在でした。

このころ、日本経済は繁栄のピークに到達しようとしており、マイホーム熱もヒートアップの一途だったのです。

まだ住宅ローン制度が整備されておらず、金利も今の水準がウソのように、目の玉が飛び出るくらい高かったです。しかし、給料も右肩上がりで増えます。

不動産価格も年々上がる一方でしたから、まずは小さな分譲マンションを購入し、数年後に売却。値上がり分の差額を頭金に上乗せし、さらに大きな住宅を手に入れる。

それを何回か繰り返して、最終的には立派なマイホームに到達する「住宅すごろく」という言葉があったくらいです。

そんな言葉に夢を託して、なんとしてもマイホームを手に入れたいと、人々は建売住宅やマンションの販売現場に押し寄せたのです。

私も連日、夜遅くまでお客様訪問を続けていました。

その結果、販売成績は支店で常にトップ。当時、6店舗を有していましたが、私のいた支店は常に群を抜く営業成績を誇っていました。

その支店のトップなのだから、私はその会社の売買仲介のトップ営業マンということになります。入社半年で課長に昇進するスピード出世は、今でも〝伝説〟として語り伝えられているそうです。

自分で言うのもおこがましいのですが、他の誰よりも集中力で勝っていたのではないかと思います。お客様は基本的には、家が欲しくて住宅会社に来ているわけです。

とはいえ、大きな買いものですから、その一歩を踏み出す勇気と決断のない人が少なくありません。

私どもの仕事は、そうしたお客様のためにできるだけ正確な情報を豊富に集めて、そのお客様からも情報を得て、お客様の本心本音のニーズを察し、そのニーズに合った最高の物件をご紹介させていただく。

極論すれば、これだけのシンプルな仕事です。

どこで他の営業マン間の差が出るのかといえば、いかに短時間でお客様のニーズを正確に把握し、正確な情報を提供できるか。この一点に尽きるのです。

バブル崩壊後に独立を決意！

その後、建築会社を退職して独立した先輩についていく形で転職しました。

その会社でも同じように売買仲介の営業をしながら、いつしか経営の片腕となったのですが、7年目にして退職することになります。

というのもバブル崩壊後の収束処理をする経営方針で、会社の代表が示した方向性と私が目指す方向性が微妙にズレていったのです。

決定的だったのは、このころに私が3KM（スリーケイエム）理念と出会ったことでした（詳しくは第3章で解説します）。

不動産ビジネスは、ご主人の在宅時にお客様宅を訪問しますから、土・日・祭日もなければ、帰宅が深夜になるのはあたり前。仕事では優秀な営業マンでも家庭はボロボロ。そんな同僚を目にすることも少なくなかったのです。

当時は他業種であっても、皆が残業に次ぐ残業で、家庭を顧みないで仕事をしたものです。

しかし、「果たして人間としてこれでいいのだろうか?」という疑問が拭い切れませんでした。激動する時代のなかで、私には3KMが次の活路をどう切り開いていくかというヒントに満ちあふれているように思えたのです。

いずれは起業したいという夢もどこかにありましたが、私の目指すべき会社は、ただ売り上げを伸ばし利益を拡大する。それだけの会社ではありません。

人に喜ばれる、社会のためになる。

そうした事業をしていることに喜びを感じ、会社の成長と自分の成長を重ねていくことができる……そんな会社でした。

こうして起業を決意した私を慕って、私のつくる会社で仕事をしたいと言ってくれた部下はいましたが、誰一人、同じ道を許しませんでした。

他者が育てた人材を引き抜くことは人泥棒と同じです。そんなことはしたくありませんでした。

この考えは今も変わらず、リビングライフはヘッドハンティングをしません。

もちろん当人の意志で、それまでの会社を辞めて私の元にやってくる社員は何人もいました。これは当人の生き方の選択ですから、私に否応はありません。

当時の会社の社長とは、今も親友づきあいが続いています。

方向性の違いこそありましたが、対立やケンカ別れをしたわけでもありません。とはいえ、同じ市場で戦うライバル同士になったのは事実です。それにもかかわらず、今でもしばしばお酒を酌み交わし、時が経つのも忘れて話し込むことがあります。

それぞれがそのまま突き進み、現在も、かつて勤めていた会社は高級マンションを、リビングライフは誰でも無理なく買える一般向けマンションを、と巧みに棲み分けています。

「リビングライフ」を創設

前述したとおり、1989（平成元）年の12月、私は「リビング経営」を設立します。東京・世田谷の尾山台に10坪ほどの小さな事務所を借りて、社員は私一人だけ。社長兼営業兼……と一人何役もこなしました。机一つに電話一本からのスタートです。

創業は奇しくも証券バブル、不動産バブルのピーク時でした。

事業内容は住宅やマンション、土地などの売買仲介。仲介業はすでにある物件を売るお手伝いをして、応分の仲介料を得る手数料商売ですから投資資金の必要がありません。

したがって、創業してすぐにお金を稼げる企業体質になれ、経営危機に追い込まれるリスクはありません。

経営とは、まず企業として存続することを第一の旨とします。継続してこそ発展も成長も望めるのです。まず、確実に売り上げをあげて会社としての利益を確保します。そして分配を増やしていくのです。その延長で社会のためになる事業を構築し、雇用を確保して税金を納めるなど、社会への貢献とつながっていくのです。

一方、倒産は従業員や取引先に迷惑をかけ、社会的にも大きな責めを負います。前述したように「個人・家庭・社会の生涯幸福設計」という3KMの理念を掲げてリビングライフをつくったわけですが、その理念を実現するためにも、絶対に倒産しないビジネス形態を常に模索してきました。

元々が敏腕営業マンだった私は契約をぐんぐん伸ばし、すぐに2～3人のスタッフを抱えていました。

そこで、私は資本金2000万円で株式会社「リビングライフ」を設立します。1900（平成2）年7月、昭和から平成へと元号が変わって2年目の暑い夏でした。

苦労が続いた創業期

繰り返しになりますが、１９８９（平成元）年12月末は証券バブルがピークに達して、ここからバブル崩壊へと一気に下り坂に転じた分岐点でした。それから少し遅れて不動産バブルも崩壊します。熱気をはらんでいた不動産市場は冷水を浴びせられたように一気に冷え込み、市場は混乱するばかりでした。リビングライフの創業は、逆風が吹きまくる大海に小舟で漕ぎ出す、そんな創業だったのです。

不動産業界そのものがバブル崩壊の負の遺産を売りきって、在庫調整がつくまで苦しい時代が４〜５年は続いたでしょうか。苦難の創業期でしたが、逆に、スタートで苦労したことが、その後のリビングライフにとって大きな財産になったと思います。

どんなカオスも必ず収束する時が訪れます。バブル崩壊後、混乱を極めた不動産市場もようやく在庫整理が終わり、新たな発展の機運が蘇ってきたのです。

この機を逃さず、私は積極攻勢に出て業績は急拡大していきました。

1995（平成7）年ごろだったでしょうか、初めて大卒の新人を採用したのです。真っ白な状態から人材を育てていくのだと思うと、企業として一歩階段を上った感慨を覚えたものです。

もともと、個人・家庭・社会の生涯幸福を設計する3KM理念を共有し、不動産ビジネスを通して、その実現を図る会社を目標としていた私です。プロパー社員の採用開始は、その目標に大きく近づいたことでもあり、感慨は一入（ひとしお）でした。

社員を3KMセミナーに通わせたり、朝礼やミーティングで「3KM手帳」の記載について私が熱く語り、全社一丸となって発展軌道を駆け上っていく、そんな実感を覚える日々でした。

さすがに社員数が３ケタになったころから、私が直接、３ＫＭについて語ることは現実的にできなくなりましたが、今でも私は、毎朝、社員と３ＫＭ理念を唱和していたころの精神的な一体感を、決して失ってはならないと常に心に刻んでいます。

本社ビルの完成

順調に発展軌道を進み続け、1996（平成8）年8月、念願だった本社ビルが完成しました。何年も苦しい市況が続いたのですが、それを乗り越え、ようやくホッとひと息つけるようになったころ、本社ビルを構えることができたのです。私は本社ビルを持った日の感激を、今もときどき思い出すことがあります。たった1人で10坪の事務所からスタートしたことを考えると、さすがの私にも万感胸に迫るものがありました。

本社ビル完成の前年、1995（平成7）年には、リビング経営を株式会社東横建設と社名変更しています。

この経緯には次のような事情が絡んでいます。リビングライフの前身であるリビング経営は、リビングライフ設立後も会社として残してありました。いずれは自社開発物件を扱うようにしたい目算があったからです。

不動産に限らず、どんな領域でも会社経営の基盤は販売力です。販売して収入を上げ、利潤を得る。それによってはじめて雇用を確保することができ、会社経営は安定します。その基盤が確立すれば事業内容を拡大するなど、次の段階にステップアップしていくことができるのです。

したがって私はまず元手資金が不要で、確実に利益を確保できる販売仲介という事業を選びました。もともと営業力には自信があります。そのノウハウを部下にも伝授し、リビングライフはたちまち城南地区において、ダントツの販売実績を誇る仲介事業者に成長しました。

こうして経営基盤を固めた後、これも以前から温めていた「自社開発物件を売る」という段階に進んでいったのです。

他社がつくった物件では、隅の隅、裏の裏まで知り尽くすことはできません。しかし自社で開発し、自社で施工した物件ならば100%すべてわかっていますから、絶対の自信でお客様にお勧めできるわけです。自分が納得できる商品をお客様に推奨したい。営業マンとしての良心に誠実でありたいという思いからでした。

そこで、自社物件を開発するときの拠点としてリビング経営を残しておき、リビングライフ創業のころから、徐々に自社で戸建住宅を建てて販売するビジネスモデルをつくっていく算段があったのです。

やがて、リビングライフの営業実績がさらに確かなものになってくると、私は、いよいよ本格的な自社開発、自社施工の木造戸建住宅販売を拡大していくことを決意します。その受け皿としてリビング経営の組織を生かしたのです。

その後、戸建住宅件数が拡大してくると、「機は熟した！」と決断して、リビング経営を本格的な建設会社で、東急東横線を中心とした住宅供給にふさわしい「東横建設」という社名に変更し、名実ともに建設会社と販売会社のコラボという関係性を明確にしました。

以後、東横建設は木造戸建て住宅を開発・施工・完成させ、その商品をリビングライフで販売するコラボが、よりいっそう堅固な形として確立されていきました。

このコラボ関係は現在もしっかりと続いており、東横建設は住宅メーカーとして、リビングライフは販売のプロとして、それぞれが車の両輪のような形で働き、リビングライフの大きな推進力となっています。

本社ビル完成の翌年、１９９７（平成９）年にはグループ会社の一環として、「株式会社リビングセンター」を設立しました。リビングセンターは、それまでのコア事業である不動産の売買仲介事業に加えて、賃貸の仲介業務、さらには賃貸管理業務を取り扱っています。

こうして業容を拡大し、不動産に関するトータルソリューションカンパニーを目指す私のビジネス構想は、ますます大きく前進していきました。

創立10周年を期して マンション事業へ進出

月日はあっという間に流れ、令和元年、リビングライフは創立30周年を目前にひかえています。すでに社員は契約社員・パート含め520名を超え、年間取扱高は220億円を記録するまでになりました。

私を知る人は誰もが異口同音に、「一見したところ、不動産会社の社長にはとても見えない」とおっしゃいます。不動産会社の社長といえばバブリーな印象が強いものですが、私は朴訥で質素、むしろ対極に位置します。

しかし創立10周年には、それまでお世話になってきた多くの人への感謝を示したいと、東京高輪プリンスホテルで大々的に記念パーティを挙行しました。この時はちょうど、小泉純一郎国会議員が自民党総裁になった年です。お祝いに自民党総裁の花束をもらいました。

実をいえば、リビングライフとしての10周年記念行事は、自社開発マンション事業への進出だといったほうがふさわしいでしょう。パーティを挙行した同じ年、リビングライフ初の自社開発マンション第1号「ライフレビュー矢向」を完成、発売しました。

10周年パーティのときには、すでに「ライフレビュー矢向」の建設中でした。全戸22戸の小さなマンションですが、やはり、自社開発という思いはひとしおのものがありました。

すでに自社開発の戸建住宅を手がけている、それが鉄筋の集合住宅になっただけではないか、と言われそうですが、戸建住宅とマンションでは投下資本のケタが違います。

リビングライフはそれだけのリスクを背負います。万一、販売が不振だったら、経営にも大きな影響が出かねません。

しかし、実のところ、私には「売れなかったらどうしよう」という不安はゼロだったのです。

というのも他社がつくったものとはいえ、マンションを数えきれないほど販売してきた実績があります。どんなマンションなら売れて、どんなマンションが売れ残るか、すべてを知りつくしていたからです。

私が打ち出したコンセプトは「ハンドメイドマンション」です。グループ一貫体制でつくりあげることを全面的に訴求し、「初めて購入する人が安心して買える」ことを強調しました。

この狙いが当たって、「ライフレビュー矢向」はすぐに完売し、その後、毎年のように「ライフレビュー」を建設し、完売記録を塗り替えてきました。

リビングライフ宣言

2003（平成15）年には蒲田支店を開設。その2年後の2005（平成17）年には、川崎支店も開設し、リビングライフは城南・川崎地区における存在感を不動のものにしていきました。

支店を構えると、支店のある地域からの情報入手がケタ違いに濃密となり、販売はもちろんですが、仕入れの効率もぐんと高まったのです。

このころからリビングライフの成長はさらに加速し、川崎支店開設の年でもある2005（平成17）年3月期の年間取扱数は807件、取扱高307億円と、300億円の大台に乗せています。

翌2006（平成18）年3月期は取扱数766件、取扱高306億円、2007（平成19）年3月期は取扱数726件、取扱高292億円、2008（平成20）年3月期は取扱数828件、取扱高302億円、2009（平成21）年3月期は取扱数722件、取扱高254億円、2010（平成22）年3月期は取扱数619件、取扱高209億円、2011（平成23）年3月期は取扱数643件、取扱高224億円。

多少の増減はあるものの安定的に推移していますが、実際はこの間、不動産市場には驚天動地と形容したいような事件が起こっています。

構造計算書偽装問題です。2005（平成17）年11月17日、国土交通省は千葉県のある元一級建築士が、地震に対する安全性の計算を記した構造計算書を偽装していたことを公表しました。

実際に、偽装計算書に基づいて建設されたホテルやマンションが、ひどい場合は立ち入り禁止になったり、建て直しを迫られるケースも続出しました。

この事件は元建築士の個人的犯罪で、マンション業者はむしろ被害者だといえるのですが、市場ではマンションそのものに疑惑の目が向けられる結果になってしまいました。

一生の住まいを買おうとしている消費者にとっては、疑心暗鬼になるのも無理はありません。しかも、その対象は大手ディベロッパーよりも、中規模ディベロッパーの物件に向けられたのです。

このとき私がとった行動は、業界で今も語り伝えられているほど見事なものとお褒めいただいております。いち早くリビングライフのマンションの安全性に関して、どれほど配慮し、どれほどの施策を講じているかを「宣言」の形にまとめ、住宅専門誌上で発表したのです。

【リビングライフ宣言】

マンションのご購入をご検討されている皆様へ。

このたび、皆様に宣言させていただきます。弊社、リビングライフでは、今後着工する全ての物件について、①建築基準法による建築確認の取得、②国土交通省が定めた設計住宅性能評価書と建設住宅性能評価書の取得、③住宅保証機構を利用した住宅性能保証、④リビングライフ施工監理課による施工状況のチェックを異なる機関の目を通して行い、そして⑤お客様ご自身でも弊社のお客様施工監理システムによってチェックいただけるようにします。

周知の通り、いま、マンションの建物に対する信頼が揺らいでいます。今回の事件は、弊社においては問題なかったものの、世論を真摯に受け止め、いま一度、元請け・構造の設計事務所や検査機関を確認するとともに、お客様に安心して物件を選んでいただくために何ができるのかを検討しました。

その結果が、今回の宣言です。これからも更に良質で安全・安心なマンションの提供に努めていく所存です。今後とも、リビングライフのマンションをよろしくお願いいたします。

株式会社リビングライフ代表取締役　炭谷久雄

この宣言により、リビングライフに対する信頼は回復しました。お客様はいうまでもありませんが、何よりも、現場でマンション販売にあたっているリビングライフの営業スタッフが自信を取り戻し、胸を張って物件の安全性をお客様に説明するようになったのです。

営業スタッフのこうした姿勢はお客様にも伝わり、「リビングライフの物件ならば、安心・安全だ！」という信頼性がいっそう強固になりました。もちろん売れ行き鈍化はすぐに回復し、結果的には一件の解約もなかったのです。

社員のご両親からも改めてご信頼をいただきましたし、金融機関が高く評価してくれたことも意外な収穫でした。「リビングライフ宣言」は、現在ではさらに進化し、「マルチアングル・チェックシステム」となって、リビングライフの新築マンションの安心・安全性をお客様へお届けしています。

リーマンショックという洗礼

それから3年後、今度の逆風はアメリカから吹いてきました。

2008（平成20）年9月15日、アメリカの投資銀行リーマン・ブラザーズが経営破たん。これが発端となり世界的な金融危機が起こったのです。

その結果、世界経済の冷え込みや金融不安から世界の資金が日本円に集まり、超円高を招きました。

日本経済を支えていた輸出産業に大きなダメージを与え、かつてないほどの落ち込みに襲われてしまったのです。

実はバブル崩壊後、日本経済の「失われた十年」といわれる長い不況からの脱出の手がかりになったのは、1990年代末ごろから流入してきた海外投資資金でした。

その結果、不動産ファンドやリートなど不動産証券化ビジネスが盛んになり、2007（平成19）年ごろまで不動産市場には比較的好況の風が吹いていたのです。

しかし、リーマンショックによって風向きは一変してしまいます。

特にマンションディベロッパーに吹いた風は厳しく、東証1部アーバンコーポレーションや同じく東証1部の日本綜合地所などの大手ディベロッパーを含め、実に150社にも及ぶマンションディベロッパーが倒産に追い込まれました。

原因の一つは、前述の耐震偽装問題を受けて2007（平成19）年に建築基準法が改正され、マンション建設業務を大きく遅らせる結果になったこと。もう一つは金融機関が不動産会社への融資を渋り出したことです。

さしもの私もこれだけ大きなうねりはかわすことができず、リビングライフも大いに苦しみ、大幅な人員削減を余儀なくされました。

建築・不動産の会社は、平均すると20年で倒産するといわれています。それは20年単位で好景気・不景気が一巡するためで、不景気にあたったとき体力がない会社は倒産してしまうのです。

また、不景気に最も倒産しやすい業種が建築・不動産です。

リーマンショック時、どこの建築不動産の会社も苦戦したはずです。ただ、弊社は分譲のウエイトが他社と比較して少なかったため、ダメージは比較的軽くすみました。

もしも分譲の売上げが90%も占める会社だったら経営危機に陥っていたでしょう。弊社のように、同じ会社のなかに複数の事業があるとリスクヘッジができ、安定的な経営が可能となるのです。

リーマンショックで得たもの

くわえて弊社が生き残れた理由をいえば、大幅な組織改編を断行し、組織の団結力を深めたと同時に、支援してくれる金融機関があったからです。

メガバンクから地銀、信金、信組、ノンバンクとさまざまな金融機関と多数取引していたことが功を奏しました。これが一行の金融機関に取引きを限定していれば、生き残りは難しかったでしょう。

よく金融機関は「晴れているときに傘を貸して、雨が降ると引き上げる」といいますが、慎重な姿勢ながらも地域金融機関が支援してくれたのです。

リーマンショック後、「物が売れない・お金が足りない・銀行が貸してくれるかわからない」という状況のなか、社長である私はもちろん、経理の責任者、営業の責任者が深夜までにおよぶミーティングを繰り返し、銀行に提出する資料を作成しました。

銀行でも弊社等を支援するサポート室ができあがっていて、まさに毎日が真剣勝負という状況でした。


リーマンショックによって出た赤字は約13億円。そこから本来なら毎年1億円ずつ返済して13年で終える予定だったのですが、頑張って3年で完済しています。

リーマンショックの影響で倒産した不動産会社は多数ありますが、いずれも固定収入が無かったからといえます。弊社のように事業を分散し、固定収入を得るビジネスを展開していたことも生き残った要因の一つといえます。


今振り返っても、よく耐え抜いたと思っています。

しかし、業界全体の動きでやむを得なかったとはいえ、一気に売上げが半減するなど、経営者として得難い経験をし、足腰が強く鍛えられたのも事実です。

このリーマンショックで得た経験が、今のリスク管理につながっています。金融機関との取引条件も経験に生かされています。「ただ借りればいい」ではなく、万が一、市況が悪くなった時も大丈夫かということを常に考えるようになりました。

このように私は、厳しい体験さえプラス思考で受け止めていますが、創業以来、最大の試練でした。

オンリーワン企業への道

リビングライフがリーマンショック後の最大の危機を乗り越えることができたのは、私が20年かけて目指してきた、不動産のあらゆるニーズをワンストップで叶えるビジネスモデルを確立していたことが大きな力となったからです。

リーマンショックの前年、２００７（平成19）年に私は株式会社リビングコミュニティを設立、朝日建設がグループに参加、大型宅地分譲ライフアソート事業も開始。２００８（平成20）年にはアセットソリューション事業部を開設しています。

さらに、リーマンショックの傷が癒えはじめた２０１０（平成22）年には、マンションリノベーション事業に着手。「リリファ」シリーズの販売を開始するなど、このころの私は次々と新事業に進出し、現在のワンストップ体制を整備していきました。

2010（平成22）年は創立20周年にあたりましたが、私は記念行事めいたことは一切行わず、20年間、地域のお客様に支えられてきたことへの感謝の気持ちを、「ライフレビュー横濱関内スクエアⅡ」という、最新の新築分譲マンション企画に集結させて発表しました。

今ではリビングライフは、ディベロップメント事業部、住宅流通事業部、賃貸事業部、マンション管理のリビングコミュニティ、賃貸管理・コインパーキング事業を展開するリビングセンター、RC建築施工の朝日建設、主に木造建築施工の東横建設、注文建築・リフォームを行うリビング建設をしたがえる不動産総合企業へと業容を広げています。

ここまでワンストップで不動産ニーズを叶えるため事業を展開して来ましたが、

私がずっと目標に掲げていたのは、実はワンストップではなく、オンリーワン企業になることでした。景気の浮沈にもみくちゃにされることなく強さを発揮できるのは、他社の追随を許さないオンリーワン企業です。

前述のとおりリビングライフのスタートは、戸建てを中心とする販売仲介事業からでした。この事業のリスク自体はそれほどありませんが、収益率、成長性が弱いのが現実です。

そこで収益率と成長性を上げるため、販売仲介だけでなく自社で分譲し、販売するための事業として、設計・施工も手がけるようになりました。さらに資金力がついてきたので、マンション分譲も手がけるようになりました。

そうなると管理も行わなければ、お客様へ本当に満足していただけるサービスをお届けできません。それでマンション管理もはじめた……というわけです。

こうして常に、よりいっそうお客様に満足いただくにはどうしたらいいのかを考えて、事業展開を図ってきた結果が、不動産のワンストップ企業になったというわけです。

つまり、オンリーワン企業を目指した結果、ワンストップという事業形態になったのです。

私の戦略は、想像以上に傑出した企業への道につながっていたと自負しております。

専業に徹し、ひたすら売上拡大を目指す……いうならば縦に縦にと成長していく企業が多いなかで、横へ横へと成長していくリビングライフのような企業は珍しいといえます。

しかし、考えるまでもなく、縦へ伸びた企業はちょっとした風を受けるだけで倒れやすい。そこへいくと、カバーテリトリーが広く、しかもそれぞれの領域が補完関係にあるならば、こうした企業は容易なことではつぶれません。

創業30年を控え、これからリビングライフの真価が、よりいっそう発揮されるのではないかと考えています。

リビングライフグループ組織図

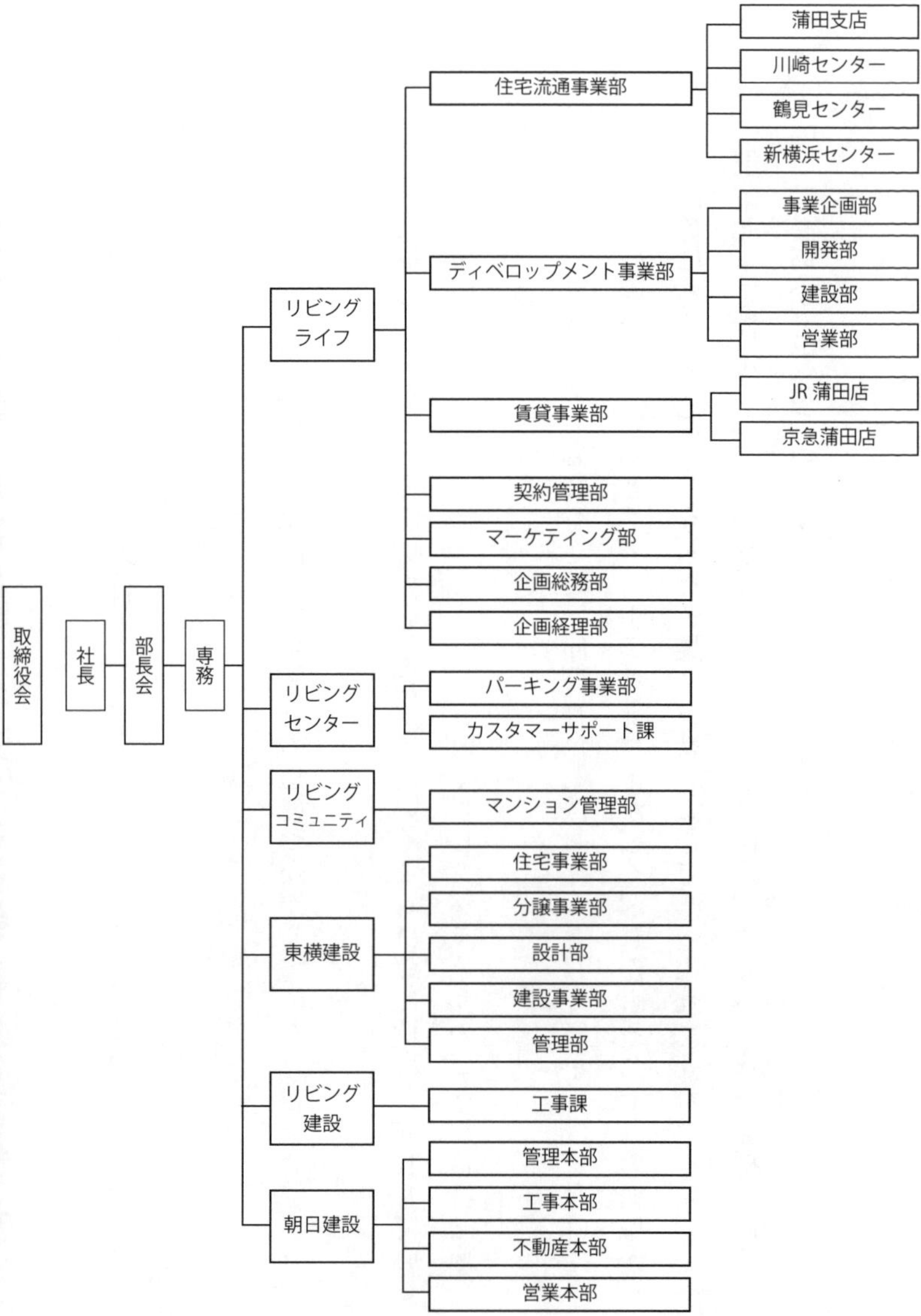

第1部 第3章

社員の「幸せ」が一番

「3KM」理念との出会い

会社経営を行うにおいて、私が最も大切にしているのは「社員が幸せであること」です。

もちろん、会社ですから利益は上げなくてはいけませんが、数字だけにとらわれるのは違うと感じています。そのきっかけとなったものが「3KM」です。

私がその存在を初めて知ったのは1980年代末ごろ、かれこれ30数年ほど前のことになります。当時は、日本中が発熱したようなバブル景気で沸騰しており、なかでも不動産市場は狂乱していました。

しかし、そのバブルはあっけなく弾け、激しく下がる不動産価格に人々が翻弄されました。その結果、起こった悲劇も少なくありません。

不動産業界に入って10数年。営業マンとしてトップクラスの営業成績を記録していた私も、この時代の急変には翻弄される以上に奇妙な違和感を覚え、「不動産業とは何なのだろう?」「仕事をするということは何なのだろう?」と心惑う毎日を送っていました。

当時の私は、友人と一緒に立ち上げた不動産会社の営業部長として駆けまわっていました。そんなある日、定期購読していた住宅業界紙に土屋ホームの創業社長・土屋公三氏の人生の足跡をつづった連載記事が掲載されていました。

その記事を読んでいるうちに、私は深い感動に引き込まれました。土屋氏は札幌の貧しい家に生まれ、高校を卒業後は段ボール会社に就職します。不動産とは縁がなかったのですが、脱サラをして不動産仲介業「土屋商事」(1982(昭和57)年に「土屋ホーム」と改称。2008(平成20)年に「土屋ホールディングス」に改組)を創業します。私が記事を読むころには、すでに北海道一の住宅総合会社に育てあげており、年商100億円の大台突破も実現していました。

しかし、私の心を強くとらえたのはそうした成功ストーリー以上に、土屋氏が「3KM」という独自の人生哲学を確立していたことだったのです。


バブル前後までの不動産業界は、金満第一主義が横行しているようなところがありました。経営者も「バブリー」という言葉そのままで、派手な言動をする者も少なくなかったのです。

私はそうした経営者とは肌合いの違いを感じていたこともあり、社会に役立つことを会社の目的にはっきりと打ち出している土屋氏の経営姿勢に新鮮な驚きを感じました。さらに、土屋氏の「経営者の考え方に賛同する人を集めて企業活動をする」という考え方にも共感を覚えました。

それまでは、「上司が部下の尻をたたいて教育していく。それが会社というものだ」と思い込んでいたのですが、それではなかなかうまくいきません。

大事なのは、社員の意識を変えること。

理念を共有し、同じ意識を持つ人が集まる組織をつくれば、会社はずっと効率よく、気持ちよく動くようになるはずです。そして社員個人が幸せに働き、家庭も潤い、それが会社に良い影響を与え、会社が伸びるという好循環を生み出すのです。

私自身も、社員個人・家庭・社会の幸福に貢献することを人生の目標とする人たちだけで組織をつくり、住まいを通じた生涯幸福計画をお客様に提唱・提供できるのではないか――そんな会社をつくりたいと願うようになり、そのうち、その想いがどんどん強くなっていったのです。

このとき、私は住宅産業に身を置いていたことを天恵のように感じました。誰もが何らかの形で住まいを持っています。

賃貸に住んでいる人もいるでしょう。

分譲住宅やマンションを手に入れた人もいるでしょう。

いずれにしても、住まいは人が生きる基盤になる場です。つまり、人の生きがい、幸福を考えていくとき、住宅産業はもっともそれに近い産業だということになります。そんな住宅産業に身を置いているからこそ、お客様の幸せをつくる身近な存在になり得ることができると確信したのです。

私はさっそく３ＫＭ関連の本を熟読し、さらに、土屋氏の３ＫＭセミナーをはじめ、いくつかの自己啓発セミナーにも参加し、積極的に学びはじめました。

そうしたある日、大学ノートに人生設計を書き出してみたところ、自分でも漠然としていた人生の目標がクリアに見えてきたのです。

なぜ生きるのか。

なぜ、仕事をするのか。

そうした疑問が明快になると、仕事をする動機づけが明確になります。すると、仕事の効率が上がり、個人としても、会社としても好循環が生まれるのです。

同窓会に行くと、学生時代には同じくらいの能力であったはずの人々が、いまでは多様な意味で大きな差ができてしまっているケースを目にすることがあります。つまり、勉強では優秀な成績だった人でも、全員が幸せな人生を送っているとは限らないのです。

人は表面的な能力どおりの人生を送るケースはむしろ稀で、その能力をいかに発揮できたかによって、人生が大きく分かれていくのではないでしょうか。

その差は、「自分がこうありたい」と望み、その方向に向かって、ただひたすら努力をする。すると自分が変わり、その結果、人生を大きく変えることができると思うのです。

私はリビングライフで働く社員には、自分の想い、自らの人生はこうありたいと願うビジョンを明確にしてもらい、それを確実に実現に結びつけ、幸せな一生を送ってもらいたいと常に考えています。

目標を書き続けることで得られるもの

弊社では新入社員に向けて、革製の手帳を購入してもらいます。

社員に手帳を配布する企業はよくありますが、そのほとんどは仕事を能率的に進めるためのスケジュール帳ではないでしょうか。

リビングライフの手帳は、仕事の能率アップのための手帳とは本質的に異なるものです。

手帳の第1ページに、「個人・家庭・社会の生涯幸福設計」と書かれています。個人・家庭・社会（会社）の3つのベクトルごとに、「こうなりたい」という、自分が目指すべき目標を従業員個々が設定するのです。この3つの目標をバランスよく設定し、その目標を確実に実現していくのです。

ポイントは「目標が達成されたから幸福になると考えるのではなく、目標達成に向かうプロセスに幸福は存在している」と考えることです。

ある目標が達成されたとしても、さらに次なる目標達成の道がはじまります。こうして生涯を通じ、次々と新たな目標達成のための歩みを続けていくのです。その連続が生涯幸福といえるものなのです。

この考え方は企業のあり方にも適用されています。

企業もまた、自社・その周辺・さらには社会全体の幸福を視野に入れ、しっかりと目標を掲げて、目標達成のための歩みを続けていく。その目標が達成されたら、新たな目標を設定し、社会に貢献する。

そうした方向性を目指して邁進していくことこそ、企業の存在意義であり、その企業で働く人々、お客様、ひいては社会全体の幸福の実現につながっていくことなる。これが根幹をなす考え方です。

弊社では、社員全員に毎年「個人、家庭、会社の目標」を書き、年明けに必ず提出することを義務づけています。個人で10項目、家庭で10項目、会社で10項目。それを1年後、3年後、10年後、20年後で書くと全120項目の目標ができます。1年に1枚なので、40年経てば40枚になります。齢を重ねてから読み返すことで、自分が何を求めていて何を感じていたのかがわかります。

これはほとんどの社員がそうなのですが、意外と会社については筆が進むものの、個人と家庭はあまり変化がなく「親せきにお年玉を配る」「先祖供養の墓参りに行く」など維持することが多いです。

このように、仕事以外の目標を社員全員が書く文化は珍しいと思います。

よほど仲が良い会社は別かもしれませんし、直属の上司くらいだったら話すかもしれませんが、会社全体の決めごとにしているのは珍しいでしょう。

会社で個人や家庭の目標を書く理由は、「自分を振り返ることができるから」です。会社が大きくなればなるほど金儲けのことばかり考えてしまい、それが手段になってしまいます。

しかし、本当は会社のためだけに働いているわけではありません。

人生を生きる意味を一人ひとりが見つめ直す機会として、個人や家庭の目標を書く習慣は非常に重要だと考えています。

氏　名　　　　　　　　　　作成日2019年　1月　1日

も　　歳　父　　歳　母　67歳

	10年後（年齢50歳）			20年後（年齢60歳）		
画	順位	ありたい自分の姿	行動計画	順位	ありたい自分の姿	行動計画
に通う	1	教養を高める	大学院セミナーの継続参加	1	健康維持	水泳に通う
	2	健康維持	年2回ハイキング	2	自己啓発	日記をつける
維持	3	人脈を増やす	業界イベントへの参加	3	友人との交流	月1回の食事会
ける	4	自己啓発	月2冊本を読む	4	自宅のリフォーム	貯金する
の参加	5	サークル活動維持	テニス大会へ参加	5	貯蓄を増やす	株を増やす
	6	勉強会の主催	友人達と月1回	6	人脈を増やす	同窓会への参加
参加	7	休養をとる	海外へ年1回	7	体力維持	毎日ウォーキング
持つ	8	定期検診	年2回行く	8	人格の向上	年下の人と交流する
	9	貯蓄を増やす	出資会社先を増やす	9	趣味を増やす	何にでもトライする
参加	10	老後資金をためる	iDecoを開始する	10	能トレを行う	囲碁を始める
	1	家のメンテナンス	月1万ずつ貯金	1	お墓の購入	ネットで調べる
	2	動物を飼う	ペットショップへ通う	2	姉妹との交流	旅行に行く
行く	3	親との交流	一緒に暮らす準備	3	夫との交流	食事会を開く
に行く	4	姉妹との交流	自宅に招く	4	親せきとの交流	年1回会いに行く
に捨てる	5	夫との交流	ライブに参加する	5	先祖供養	墓参りに行く
える	6	親せきとの交流	正月にあいさつに行く	6	姉妹夫婦との交流	旅行に行く
く	7	めいっ子との交流	プレゼントを送る	7	めいっ子との交流	大学時にあずかる
	8	車の購入	ネットで調べる	8	海外旅行に行く	友人と年1回
	9	先祖供養	年2回墓参りする	9	毎日料理をする	仕事帰りに買い物
	10	姉妹夫婦との交流	2年に1回旅行する	10	家具の買い換え	老後用の家具に買換え
	1	新規事業を軌道にのせる	3ケ年計画を実行	1	セミナーの開催	マーケティング×不動産分野
把握	2	部下の育成	部長を育成する	2	本を出版する	不動産心理学
	3	サービス開発	社内システムを社外へ販売	3	大学院の講師になる	年2本論文作成
規模へ	4	社会貢献活動	クラウドファンディングで資金集め	4	ボランティア活動	NPO立ち会げ
催	5	専門知識の維持	月1回のセミナー参加	5	若者との交流	街づくりへの参加
関係	6	会社づくり	新規事業での収益アップ	6	企業コンサルになる	コンサルティング資格の取得
する	7	仕事の幅を広げる	他社の社外取締役になる	7	起業する	不動産×マーケティング分野
受検	8	資格取得	中小企業診断士取得	8	業界誌にコラム掲載	月1回掲載
参加	9	セミナーの開催	マーケティング×不動産分野	9	業界内の人材育成	勉強会の開催
談	10	社外交流	異業種交流会月2回	10	人望のある人間になる	困った時に人が集まる人になる

生涯幸福設計シート

（現在の年齢）自分 40 歳　配偶者 41 歳　子ども 歳　子ども 歳

領域	必ず決めること	1年後（年齢 41 歳）順位	ありたい自分の姿	行動計画	3年後（年齢 43 歳）順位	ありたい自分の姿	行
個人 社会・友人 住まい・財産 健康 精神 趣味・教養 能力開発	1	1	健康な体づくり	ジムに通う	1	健康維持	定期時
	2	2	規則正しい生活	残業を減らす	2	貯蓄を増やす	株を増
	3	3	体重を維持する	食事量に気をつける	3	教養を高める	ブランディング
	4	4	食事に気をつける	塩分を控える	4	趣味を持つ	ペン字教
	5	5	定期検診	年1回予約する	5	人脈を増やす	異業種
	6	6	自己啓発	月一冊本を読む	6	友人との交流	ライブに
	7	7	教養を高める	大学院の友人と交流	7	サークル活動	テニスサ
	8	8	友人との交流	2ケ月に1回食事会	8	モチベーション維持	時間に
	9	9	貯蓄を増やす	定期預金を組む	9	体力維持	運動を
	10	10	休養を取る	連休をとる	10	自己啓発	海外セ
家庭 先祖 親 配偶者 家族全員 子ども きょうだい・親戚	1	1	両親との交流	正月は必ず実家に帰る	1	親との交流	年1回旅
	2	2	姉妹との交流	週一回は連絡	2	姉妹との交流	〃
	3	3	夫との交流	旅行に行く	3	夫との交流	海外旅
	4	4	親せきとの交流	正月に会う	4	親せきとの交流	帰省し
	5	5	ホームパーティーを開く	友人を招く	5	断捨離を行う	不要なも
	6	6	先祖供養	墓参りに行く	6	自宅の模様がえ	家具のレ
	7	7	家族の健康管理	人間ドックの予約	7	先祖供養	墓参り
	8	8	姉妹夫婦との交流	家に遊びに行く	8	姉妹夫婦との交流	食事会
	9	9	家のメンテナンス	毎年検査する	9	冷蔵庫の買いかえ	ネットで
	10	10	夫婦で旅行	国内年1回	10	洗濯機の買いかえ	口コミの
会社（社会） 職種 業績 基本動作 専門分野 収入 地位・熟練度	1	1	人脈を増やす	お不動女子会の継続	1	部下の育成	課長を
	2	2	町内会への参加	会合に参加	2	商品企画	画の情
	3	3	ボランティア活動	Peatixでイベント探し	3	社会貢献活動	NPOへ
	4	4	社外交流	業界イベントへの参加	4	業界リーダーになる	お不動女
	5	5	社員育成	マーケティングの資格をとる	5	社外交流	異業種
	6	6	専門知識の向上	月1回セミナーへの参加	6	会社づくり	新事業の
	7	7	資格取得	マーケティングの資格をとる	7	仕事の幅を広げる	他部署
	8	8	会社づくり	新規事業を常に考える	8	資格取得	中小企業
	9	9	他部署との交流	食事会の開催	9	専門知識の維持	月1回の
	10	10	仕事の幅を広げる	異業種交流会への参加	10	社員育成	週一で

率先垂範、まずはトップが動くべき！

率先垂範《そっせんすいはん》とは、まずトップが一番仕事をして模範を示し、部下を率いていくという意味です。

簡単に言えば「人に教える人こそ、率先して動くべき！」ということです。

意外にも多いのは、部下にだけ仕事をさせている上司です。

会社は人を育てる場所ですから、上司は部下を育てるものです。上席になっても、下に仕事を教えなければ成長しません。そこを頭ごなしに叱りつけても、その部下は仕事に嫌気をさして辞めてしまいます。

そこで必要なのは率先垂範というわけです。まずは自分が一生懸命に仕事をする姿を見せる。そして、仕事を教えて成長できるように導いていくわけです。

部下が追随してできるようになり、それが常態化することを目指します。


管理職の場合は個人的に成績が良くても、課長になって成績がいいとは限りません。

その人の評価というものは、上の評価、下の評価、取引先の評価で決まります。

部下の立場で成績が良くても、人の上に立った途端に評価を下げてしまう人もいます。


人間誰しも完ぺきではなく、それぞれに長所・短所があるものです。

しかし、無駄な人間などいませんから、長所を生かして短所を克服する……そうやって発展していく必要があるのです。

だからこそ、人を育てられる上司でなくてはいけません。

また、皆が完ぺきでないからこそ、補い合って発展していくことが必要です。

それが会社のあるべき姿です。

それぞれが違った立場で、違った能力を発揮して、必要不可欠な存在になる。
そうすることで皆が幸福になれると考えています。

「質実剛健」の大切さ

私は高価な洋服を着ないし、ブランドものも使いません。それをやろうと思えば、その資金力はあります。

なぜ、しないのか？

それはサラリーマン時代に経験したバブル時代が影響しています。バブル経済がはじけて、みんな倒産しました。

あれだけ稼いでいたのに何も残っていない人ばかり。聞けば、高級車に乗ったり、高級時計を買ったり、銀座で飲んだり、すべて使ってしまっている。そして、それを自慢したがるのです。

不動産業界、建築業界にはそのようなタイプの人が多く非常に不安定です。そもそも、この業界は景気不景気に左右されやすいのです。

私自身は、お金を得てそれを何に使うか考えることは、非常に大事だと考えています。

いくら高級品であっても、それはお金を出しさえすれば買えるものです。そういったものに憧れている人は結構います。

人を持ち物で評価する傾向があるけれど、最終的には「心」です。心は外見から見えません。

最低限、悪い印象を与えないように洗濯した清潔な衣服でいればいいのです。

弊社ではジャンパーを支給しています。入社式は全員ジャンパーです。多少汚れても活発に動けますし、それが制服だからジャンパーで通勤している人もいます。

私自身もジャンパーで通勤しています。

そういう意味ではモノを大切にして、お金を使うところには使うのが正しい姿であると考えます。ただし、いろんな考え方があるので、そこを押し付ける気はありません。

平和が長続きした、安定した国の発展の仕方をいえば、私は「心の発展」だと思うのです。

それを実現するような会社にしたいです。

なお、私がもっともお金を使うのは懇親会などの社内交際費です。お酒を飲んで、普段なら面と向かって言えないことが伝えられるのは貴重な機会です。

組織は団体行動、みんなで同じ目的に向かって行動することを掲げます。おおよそ1カ月に1回は懇親会をしています。

全体懇親会、部の懇親会、社員研修旅行での食事はすべて会社が負担しています。果物や食べ物などの差し入れも私が行っています。

私はそのようなお金の使い方をしています。高いものではなく、必要なものを買うということです。

100歳以上の人口が10万人いるこの時代において、いかに食が大切か

・食べ物は腹八分目でおさえましょう。

・食は、米や野菜、果物を作る農家の努力、肉・魚を出荷する方たちの努力があり、私たちはその努力の賜物をいただいています。食を大切にする気持ちを持ち、絶対に残してはいけません。

・長生きの秘訣は太ったり痩せたりせず、自己管理して同じ体系をキープし、10年単位で体型をチェックしましょう。

・食べ過ぎに注意して、「規則性」「継続性」に注意を払いましょう。

若い社員は、給料もまだ低くてなかなかお金が貯まりません。

そこで私は炊飯器にごはん、ふりかけやお茶漬けの素、レトルトのカレーなどを会社で用意しています。これは10年ほど前に始まった施策で、元はといえば私が食事に行く時間がないために用意したものです。

その他、果物なども差し入れします。

みかんやバナナなど1000個程度のまとめ買いをして、各フロアにもダンボールで3個くらい置いてあります。果物以外でも、私が買いに行く弁当屋さんでは、コロッケが1個30円になる日が週に3回あります。1人20個までなのですが、社員4、5人を引き連れて100個近く買うことがあります。

不動産業というものは忙しくなれば、それこそ食事に行く暇もありません。とはいえ、お腹が空いていては仕事ができませんから、そこで私からさまざまな差し入れをするようになりました。

これは私のポリシーになりますが、食べ物はいくら食べてもいいですし、懇親会や会食のときはいくら注文してもいいですが、絶対に残してはいけません。

これは私が貧乏な時代に生まれたからかもしれません。弁当箱の蓋の裏についたお米一粒ですら大切に食べていました。

このように「食」を大切にする気持ちを社員にも持ってほしいと考えています。

70歳以降も健やかに生きるために

「住まい」を提供する会社だからこそ、生きること全体にわたって大切にしていきたいと考えています。つまり、社員にもお客様にも健康を大切にし、長生きをしてもらいたいのです。

これを社員に自分の両親に提案するようにも伝えています。

今年の正月には大きな紙に長生きについて書かれた紙を持たせ、「ご両親に渡して来なさい」と伝えました。

せの生涯設計を提案します

ライフグループ

人の世は 山坂多い旅の道

年令の六十に迎えが来たら

還暦《かんれき》	六十才	とんでもないよと追い返せ
古稀《こき》	七十才	まだまだ早いとつっぱなせ
喜寿《きじゅ》	七十七才	せくな老楽これからよ
傘寿《さんじゅ》	八十才	なんのまだまだ役に立つ
米寿《べいじゅ》	八十八才	もう少しお米を食べてから
卒寿《そつじゅ》	九十才	年令に卒業はない筈よ
白寿《はくじゅ》	九十九才	百才のお祝いが済むまでは
茶寿《ちゃじゅ》	百八才	まだまだお茶が飲み足らん
皇寿《こうじゅ》	百十一才	そろそろゆずろうか日本一
昔寿《せきじゅ》	百二十才	心づもりはできたけど
天寿《てんじゅ》	百八十二才	これで人生完了！

住まいから始ま

LIVING LIFE Co.,Ltd.

リビン

健康ばんざい

人生は70才より

七十才にてお迎えあるときは
今 留守と言え

八十才にてお迎えあるときは
まだまだ早いと言え

九十才にてお迎えあるときは
そう急がずともよいと言え

百才にてお迎えあるときは
時機を見てこちらから
ボツボツ行くと言え

親が健康であれば、子どもも安心します。逆に親が倒れたら、子どもも仕事に集中できなくなり、仕事を辞めてしまうケースもあります。

最近では介護の問題もあります。今は晩婚の時代なので、30、40代でも子どもが大きくなっていません。

そうなると、親の介護が始まったときは子育てと介護を両立せねばならず、金銭的にも肉体的にも精神的にも厳しい状況に追い込まれます。

子どもは親にお金を送ることはできますが、やはり健康的に過ごしてもらうのが理想ではないでしょうか。

だからこそ、「親に健康でいてもらいましょう」と社員に言っているのです。

また、親御さんにそう伝えることで、自分も70歳になったとき「若いときに学んだことを自らも実践しよう」と思うものです。

今後は100歳の人口がさらに増えていくことが統計学的にも明らかになっています。

では100歳になったとき、肉体的にも健康な100歳と認知症の100歳、どちらがいいかと問われたら、誰もが前者と答えるはずです。

医療が発展し続けるなか、単に「生きているだけ」の状態ではなく、自分の足で歩き、自分の口で食事をとるという時間を少しでも延ばしたいものです。

今では、60歳を過ぎても若者のようにアクティブな生活をしている人は珍しくありません。テレビを見ていると健康な100歳しか出てこないので勘違いしがちですが、「生かされている100歳」も多いはずです。

このように、豊かな社会になったからこそ、自分の頭で考えて、きちんとした食生活を送らなければなりません。食べたいものを食べ続けているだけでは、健康は損なわれるばかりです。

もちろん、社員本人も健康である必要があります。

そこで弊社では健康への取り組みの一環として、「健康医療ケアの認定」を受けています。これは、全国健康保険協会東京支部から発行されます。さまざまな項目があり、審査を通過する必要があります。

審査だけを重視しているわけではありませんが、健康を促進するため1日最低でも5000歩は歩くよう社員にアナウンスしています。

人間の動きのなかで一番大切なのは、自分で歩くことです。

歩くということは、足から上に伸びている筋肉（内もも、外もも、腹筋含めて）をコントロールすることです。そのためには基礎体操をするのが効果的です。

私は1日最低20回行っています。特に歳を取ると、「片足でパンツや靴下を履く」のができない人が増えてきます。

そうならないためにも、たとえば仕事中でもできるだけ体を動かすことが大切です。

階段の上り下りもいいでしょうし、デスク作業をしながら足を動かすのもいいでしょう。スポーツジムに行かなくてもできる小さな運動はたくさんあります。

他にも、朝食をとることで脳溢血や糖尿病のリスクが減りますし、出社後は耳の体操と健康体操を行うよう心がけてもらっています。

耳が冷たくなるのは、体中の血液がきちんと循環していない証拠です。耳をマッサージすることで血液の循環が良くなります。

また、朝起きたら頭を手でよく揉むことも大切です。頭皮が硬くなっているのは健康的ではありません。

こういったことは私から指導しているわけではなく、いろいろな社員が発案しています。年齢を重ねるごとに健康に対して敏感になる人が増えてくるからでしょう。

若いころはがむしゃらに働いたり、暴飲暴食をしますが、歳を取ると同じことができなくなっていきます。

驚いたのは、100歳の人の過去の写真を見ると、20歳前後から体型がほぼ変わっていないことに気づきます。長生きの秘けつは、太ったり痩せたりせず、自己管理して同じ体型をキープすることなのです。

たとえば、イチロー選手も体型がずっと変わりませんが、朝はカレー、お昼はおにぎり2個というように毎日食べるものが基本的に同じです。

一方で、スポーツ選手や相撲取りのなかでも、現役引退後に急に痩せた・太ったという人は体に負担がかかっているはず。

芸能人では、歌手の郷ひろみさんの体型が青年時代からずっと変わらないので感心します。

おそらくイチロー選手も郷ひろみさんも、自分が好きなものを食べているはずです。しかし「規則性」「継続性」に注意を払っているのでしょう。

健康談義のようになってしまいましたが、ここで私が伝えたいのは一つです。満足度の高い人生を生きるためには、健康であることは大切です。

また、どんな職業の人でも家で過ごす時間は長いので、その空間が少しでも落ち着けて快適ならば、より素晴らしい人生が送れるのではないでしょうか。

そして一緒に暮らす家族はできるだけ多いほうがいいでしょう。理想は4世帯だと思います。80代がいて、その下に60代、40代、20代というイメージです。

これはあくまで理想になりますが、いくつになっても家族に囲まれて暮らすことができたら、それが一番の幸せではないかと感じます。

そして、私たちはそうしたより良い人生を送るご家族のため、一般の方々が購入できる価格帯で、快適な家を提供し続けたいと思っています。

第1部 第4章

リビングライフの描く未来

経営理念について

経営理念は4年前にできました。

ちょうど会社の改革が行われた創立25年のときです。もともと「経営理念はあったほうがいい」と思っていたので、その機会につくりました。

すでに「3KM」はあったものの、これは普遍的なものであり、会社の成長に合わせて変わる経営理念とは異なります。

経営理念をつくるにあたって考えたとき、自分たちは建築・不動産業で創業したので、「住まいを通じてお客様に幸せになっていただくこと」を打ち出すことにしました。

ただ、そのためには当然社員の成長が欠かせません。

しかし社員教育にかなり力を入れている割には、社員の成長が遅れている現実がありました。それが会社の成長が遅れている理由の一つだと考えています。

2019（平成31）年には69人の新卒社員が入社しました。ただ話を聞いていると、大学であまり勉強しておらず、自動車免許の試験に何度も不合格になっている人もいました。

今はかつての就職氷河期と異なり、売り手市場です。そのため、経験値や能力が低い学生が相対的に多いと感じています。

とはいえ、これは時代の責任ではなく、本人や親の責任です。豊かな環境で物質的な苦労がなければ教育で変えるしかありません。自立させるためには厳し過ぎるくらいがちょうどいいのです。

創業の精神

住まいから始まる幸せの生涯設計を提案します。

社是

社員の成長なくして会社の成長なし

経営理念

一、上下《しょうか》心を一にして　広く会議を興《おこ》し公正無私に決すること

二、上下心を一にして　社会貢献に励むこと

三、上下心を一にして　倦《う》まず弛《たゆ》まず創業の精神を遂行すること

四、上下心を一にして　旧習にとらわれず社会正義に基づいた行動をすること

五、上下心を一にして　広く知識を社会に求め　大いに社業を振興すること

六、上下心を一にして　お客様に感動していただけることを使命とする

会社は学びの場、「社会人大学」

話題を変えて、日本の教育がどうであったのか振り返ってみましょう。

江戸時代初期、大名の数にはかなりの変動がありましたが、中期以降は約260~270程度であったといわれています。この時代から武士のため藩校、庶民のための寺子屋があり、教育は普及されていたのです。そういった基礎があって明治維新を迎えています。

そして1872（明治5）年に「学制」が発布され、条文の改正追加が行われ、日本における近代学校の成立発展の基礎となりました。1886（明治19）年の小学校令により尋常小学校がスタートしています。

その後、教師の育成のための師範学校をつくり、尋常小学校の後の高等小学校、旧制中学、帝国大学と教育機関が増えていきます。

私が卒業した富山県にある小杉高等学校は、1919（大正8）年、当時の射水郡長、南原繁先生（元東京大学総長）が「眼を天に向け、人間として教養を高める青年の輩出することを念願」して開校されました。以来校名は、県立小杉農業公民学校、県立小杉農学校を経て、1948（昭和23）年に県立小杉高等学校となり、普通科が併設されました（母校への寄稿を本章末にコラムで紹介しています）。

自身が卒業した小学校、中学校、高校、大学を調べてみると、日本は基礎的な教育ができる環境が整っている、大変素晴らしい国であることが理解できます。

しかし、それが普及しすぎて競争原理がなくなって、学びに対して積極性を持たない若者が増えているようにも感じるのです。

そういうことを考えたとき、私は「社会人大学」という発想が生まれました。

私自身、勉強の場である大学を卒業したあとでも、生がある限り勉強する必要があると考えます。

そこで、社会人大学としてお金を稼ぎながら常に学び、社会にどう還元するのか。社会人としても、ビジネスとしてもしっかりとした知識・教養を身に着けて、お客様に感動を与えるホスピタリティを学んでもらいたいと願っています。リビングライフは、社会人中では不動産学部・建設学部を担っていると考えています。

具体的な取り組みとしては、宅地建物取引士をはじめ、ファイナンシャルプランナー（ＦＰ）や住宅ローンアドバイザーの資格取得が挙げられます。取得した資格によっては資格手当を支給しています。その他にもビジネスマナーの研修や、経営理念の勉強会も開催しています。

また、年に2回外部の研修にも参加します。各業務や社会人経験に合わせて研修があり、外部の会社の方々とチームで学びます。このように教育制度を整えています。

そうして売上の規模ではなく、信用の質を上げていく。

個人主義の集団ではなくて、共に学ぶ姿勢を大切にして、「お客様に対して必要なものを売る」ということをブレずに行っていきたいです。

総論賛成・各論賛成

総論は会社すべての意見です。総論の仕事ができるのは社長や幹部ですが、各論は各部署にわかれます。

ひと口に建築・不動産といってもさまざまな種類があります。会社組織でいえばグループ会社もありますし、その業務内容は各セクションによってわかれています。

つまり総論を賛成したら、各論の考え方で総論を支えていくのです。こうして討論しながら、より良い方向に進んでいきます。

私は社員の成長なくして会社の成長はないと考えます。

社員の能力を一早く見つけて、ヤル気が出るような環境を与えるべきだと考えていますし、その社員が実務経験を積んで成長したら、今度は新人から尊敬されるような先輩になることを目指してほしいのです。

そのため、仕事では「総論賛成・各論賛成」の考え方で、実際の仕事で成果を上げていくことを目指しています。

具体的にいえば、「事業部方針発表会」（全社員を集めて各事業部の責任者が、自分たちの事業部の理念や今年の方針を発表する会）を毎年4月下旬に行っています。

さらに社員一人ひとりが発表する部署ごとの「方針発表会」もあります。また、四半期ごとに各部署の責任者が成果を発表する会も設けています。

つまり、まず目標を発表し、それが達成できたのかを振り返り、また目標を設定する……そのようなサイクルを毎年続けているのです。

それは上層部だけはなく、新卒社員も含めて全員が行っています。

週1回の幹部会議、四半期に1回の振り返り、年に一度の方針発表会を行って、目標への進捗状況を常にチェックして、問題があれば早期解決をします。

全員が発言するスタイルの方針発表会をはじめて6~7年になりますが、その効果をいえば、各部署がどんなことをしているのかがわかり、みんなで成長し合っていることが感じられます。また、方針発表会をはじめた当初の各事業部の発表内容は、主に過去の振り返りだったのが、今は未来・将来を語るようになりました。

これまでも営業や各事業部単位での勉強会はありました。しかし、一つの目標に向かって走るということはしていませんでした。

方針発表を実践したことで、組織としてのまとまりが強固になったのと同時に、個人が活躍しやすくなり、自分の立ち位置、目標、求める結果が明確になりました。

社員によって成果の差が生じやすくなったものの、指導する側もアドバイスがしやすくなったので、社員のモチベーションは全体として上がりました。

また、個人の方針発表では、私や役員が一番前の席に座って話を聞いていますので、自分をプレゼンする機会が全社員に与えられたということになります。

通常、ある程度の規模になると、中間管理職以上でないと自分の声がトップや役員に伝えられませんが、部署や役職問わず、全員がプレゼンできるようになったのです。

もともと不動産業界の場合は営業が花形部署で、それ以外の部署はバックヤード的な立場です。それがだんだん改革され、全員に対してスポットライトが当たるようになりました。

陰で努力をしている内容が社内に知れわたるので、モチベーションアップには効果的です。

また、毎年年1回発表を行いますので、社員は自分が成長しなければ良い結果を発表することができないという好循環が生まれます。

方針発表会

個々がそれぞれ会社と同じ方向を向いた目標を持ち、上司や部署が一丸となって成長することで、会社全体が成長できます。

まさに総論に賛成しつつ、個人で各論を遂行していく仕組みができ上がったのです。

すぐに利益を求めない長期スパンでの取り組み

成功する会社や人というのは、とにかく真面目に継続しています。金儲けに惑わずコツコツ積み上げていくことが重要なのです。

ＮＨＫ連続テレビ小説『まんぷく』には日清のラーメンが登場しますが、まさにその際たる例でしょう。私が初めてこのラーメンを食べたとき、まだ小学生でしたが、その美味しさと画期的な発明に感動したのを覚えています。

つまり、誰でも買えるもの、誰でも欲しがるものは一番強いのです。１個100円だとしても馬鹿にできません。

コンビニエンスストアでは数多くの炭酸飲料水が販売されているにもかかわらず、一番売れるのはコカコーラだそうです。これは定番がいかに強いかを表す証拠といえます。

そう考えると、最初にペットボトルでお茶を販売した会社は天才といえるでしょう。

伊藤園の社員が「帰宅するときにお茶を買って帰れたらいいな」という発想からペットボトルのお茶が誕生したといいます。

私の感覚でいえば、「自宅で飲んでいるものをわざわざ買って持ち歩くなんてことしないだろう」と発売当初は軽んじていたのですが現実は真逆でした。

それまでの「自宅で飲む熱いお茶」というイメージを根本から変えて、大ヒットしたのです。

弊社の事業の一つであるコインパーキングも発想の転換から生まれました。

同じ駐車場であっても、「月極の駐車場」と「時間貸しの駐車場」（コインパーキング）では利益が変わります。

ニーズのある場所で高稼働できれば成功ですが、コインパーキング運営は、利益が出るようになるまで時間がかかります。というのも、そのコインパーキングが周知されて利用者に認知されるようになるまで数カ月はかかるからです。

くわえて1万台くらいまで運営を増やさないと、なかなか利益が出ません。1台ずつの売上は小さなものですから、母数を増やさなくてはいけないのです。

しかし、1万台まで増やすのに10年はかかります。新卒を4～5人配属し、30人体制の組織で頑張っても、最初の3～4年は赤字覚悟です。

だからこそ他社は参入をあきらめて、もっと短期スパンで稼げるビジネスに手を出すのです。弊社のように不動産会社でコインパーキングを事業にしているのは、三井のリハウスとスターツくらいで、あとはコインパーキング中心の会社です。

同業他社は、コインパーキングのように利幅の少ない賃貸仲介や賃貸管理に対して人材やお金を投資しません。

理由はシンプルで、分譲のほうが人数が少なくても儲かるからです。その代わり景気に左右されます。

コインパーキングというのは、賃貸仲介や賃貸管理と同様に、景気に左右されにくい日銭商売です。

不動産の分譲とは収益モデルがまったく異なるので、あえて経営リソースをわけることでリスクを減らすことができるため、これらの事業については、育てるものという認識で、すぐに利益は求めず長期的スパンでの取り組みを続けています。

ニーズのある事業を新たに展開

長年会社経営をしてきたなかで、「儲け」だけに偏りすぎた考え方をすると、どこかで矛盾が起きることを実感しています。

ですから、お客様が何を求めているのか。そこにフォーカスして、今後も不動産の有効活用について考え、実行していくことが大切だと考えます。

たとえばコインランドリーを使用する人が増えていますが、それは家庭用の洗濯機では洗えない物があることを意味しています。

家庭用洗濯機では洗えない毛布やシーツをまとめて洗いたい人もいるでしょうし、大きなバッグに服を入れて持って行き、コインランドリーに突っ込むだけで乾燥、さらにはたたんで返してくれるほうが楽だと思っている人もいるでしょう。

最近では、コインランドリーにカフェが併設されていて、近隣住民がコミュニケーションを取る場として機能しているケースも増えています。

こうしたニーズを敏感に察して、必要な事業を見つけたら新たに提供していきたいです。そのような側面から、現在はトランクルームの運営も行っています。

このように、建築・不動産と関連性のあることはすべてやる方向性で考えています。

トランクルームは今、投資・実需ともに注目を集めています。アメリカの普及率と比べると、日本はまだまだ低いので伸び代が期待できます。

需要としては、高齢者が老人ホームに入るとき、家にあるものは家族も思い出があって簡単に捨てられないため、高齢者の子ども世代にトランクルームを借りている人が多いようです。または普通にマンション住まいで、物を置きたいニーズもあります。

最近は、クリーニング屋さんがコートを次のシーズンまで預かってくれるサービスまで出てきましたが、それだけ「ものを預けたい」という需要が多くあるのでしょう。

このように世の中が変化するなかで、新しいビジネスもどんどん生まれてきています。

しかしビジネスを行ううえで、人がいなければ運営はできません。

ですから、弊社は人の一生を応援する目的のなかで、必要な商品をどれだけ供給できるのかを大切にしているのです。

物売りになるな!!

私はよく「物売りになるな」と社員に言っています。

短期的な利益を求めるがあまり、不正に身を染めることに対しての抵抗感が薄れていきます。

2018（平成30）年から問題になっているアパートの違法建築問題ですが、あれほどの大会社であれば、しっかりとした建築物をつくることもできたはずです。

私が思うに、規模が大きくなっただけで、モラルの部分がまったく改善されていなかったのではと感じました。

くわえて建築確認の問題は、審査をする役所が十分な能力を有していないということです。

聞いた話ですが現場が受領証を作成して、審査をごまかしている実態もあるそうです。

そもそも検査時に屋根裏を確認することはありません。そんななかで屋根裏に不備があると、万が一火事が起こった際に火が回るスピードが速くなり大変危険です。

これはつくる側が、自社の利益のみを追求した結果です。

建物の耐震性を高める筋交いが足りなかったとしても、あるいは本来ならば3回は塗らなければいけないペンキが、たった1回しか塗られていなかったとしても、一般消費者には違いがわかりません。

たとえ真横で作業されても見抜けないはずです。つまり、だまそうとすればいくらでもだます方法はあるのです。

だからこそ、建築・不動産の業界では「信頼関係」が大切なのです。

建築にはたくさんの会社がかかわります。それらがすべてしっかりと信頼し合っていること。言ってみれば「別々の会社ではあるが、1つの会社」という精神でお互いに信頼し合っていれば、手抜き工事は起きません。

このようにお客様にお届けする商品（弊社の場合は住宅）に対して、真摯に向き合っています。

私の考えでは「必要なものは誰でも欲しがる」ものです。つまりお客様のニーズに合った商品・サービスを提供すれば、必ず買っていただけます。

「マイホームが欲しい！」というお客様の気持ちをくみ取ることが重要であるにもかかわらず、営業マンが営業成績ばかり気にしていると、買いたいと思う人は売りつけられると感じてしまうのです。

売りつけるのではなく、「長い人生の中で必要な家を売っている」「必要なものを提供する」このようなシンプルな考え方で十分です。

売りつけて儲けようという考えは卒業しなくてはいけません。

買ってくださったお客様が安心と信頼を感じれば、またリピートしてくれますし、新しいお客様を紹介してくださいます。

私はお客様の「初めて家を持つことを応援したい」という想いで会社を立ち上げましたが、必要なサービスを提供すること、安心感、信頼感を提供することで、お客様は生涯にわたって私たちリビンググライフグループを必要としてくださるのです。

私が描く会社の将来像

会社の将来像は「快適な住宅を提供すること」。何のブレもありません。初めて家を持つ人を応援する……これを永遠に続けます。

実行できるエリアを考えれば関八州。「関八州」とは、江戸時代における関東8カ国の総称です。相模（さがみ）・武蔵（むさし）・安房（あわ）・上総（かずさ）・下総（しもうさ）・常陸（ひたち）・上野（こうずけ）・下野（しもつけ）があり、人口は約3500万人。このおおよそ東京まで1時間半の範囲内で建築・不動産を行っていきたいです。

それ以外にどのようなサービが増えていくのか。それが何であるのか、明言はできませんが、「人間が豊かに生きていくために必要なもの」を提供していきたいと考えています。

たとえば現役引退後、老後資金が足りない人に対してのリバースモーゲージ（自宅を担保にした融資制度の一種）、リースバック（売却した自宅を借りて住み続けることができる制度）などを地元密着で行っていきたいです。

さらに利用しなくなった土地を、再利用していく分野にも取り組んでいければと思います。

今、少子高齢化が進んだ日本に対して懸念の声もあがっていますが、人口が減った時こそ、お客様に寄り添える会社が選ばれるのではないでしょうか。

私個人の目標は、自己に対する満足度が高く、他者の考え方・主義に共感できる人を増やして会社を発展させたいです。

30年かけて、ようやく実務を一人でやらなくても済むような体制になりました。

今も新卒の募集をあちらこちらで行っていますが、それは会社の成長のために若い力が必要だからです。

弊社の考え方に賛同してくれる人が定着していけば、お互いが認め合い、平等に意見を言い合って、自分に対する満足度が上がるはずです。

あるデータによると、国内企業の平均寿命は約30年。一方、世界の創業200年以上の企業の約5600社のうち、半数近くの3100社が日本に集中しています。

創業1000年を超える企業は世界に12社しかないのですが、そのうち9社が日本にあると書かれていました。

日本企業には永く反映する企業経営のエッセンスが含まれているのでしょう。

同じことがあってもチャンスに見える人もいれば、チャンスに見えない人たちもいます。古い家があれば、売るのか、建て替えるのか。リビンググライフグループとして、どんな相談に乗れるのか。どんなサービスが提供できるのか。

また、世の中の変化に敏感であることも重要です。

今、人々は何に困っているのか。そこに対応できる会社が生き残っていき、金儲けだけに注力する会社は生き残れない。そう感じています。

やはり利益優先ではなく、ものづくりに対しての学びを忘れず、力を入れていかなくてはなりません。

人間の一生は100年で終わりますが、会社という組織は何百年も何千年も続いていくことができるのです。

私自身も地に足をつけて、長く続く会社を経営していきたいと考えています。

コラム

創校100周年に寄せて

小杉高等学校が創校100周年を迎えられ、その輝かしい足跡を綴る記念誌が発刊されますことは、誠にめでたくご同慶の至りです。

我が母校である小杉高等学校は、大正8年、当時の射水郡長、南原繁先生（元東京大学総長）が「眼を天に向け、人間として教養を高める青年の輩出することを念願」して開校されました。以来校名は、県立小杉農業公民学校、県立小杉農学校を経て、昭和23年に県立小杉高等学校となり、普通科が併設されました。

設立された背景は、明治維新にまで遡ります。

明治維新により日本の近代教育が始まり、教育が一斉に開始された富山県でしたが、実は多発した自然災害と、県民の貧しさ、政治の不安定さから、明治期の富山の教育は「後進県」とみなされる面もありました。

しかしそのような状況から、薬学専門校、農学校、工芸高校、商業高校などの、教育の成果を実業に活用できるような「実業尊重」という特色が生まれ、小杉高校もその農学校の一つとして設立されました。

富山県は明治期以降に県内外で活躍した人物に経済人が多いことからも、実業学校の設立を行うことにより、目覚ましい成果をあげたと言えるでしょう。

私は小杉高校を昭和40年に卒業しました。日本で初めてのオリンピックが開かれた年です。卒業してから55年が経ち、現在73歳です。

在学中は放送部に所属しておりました。柔道部や陸上部、野球部、吹奏楽、演劇部をクローズアップし、インタビューした内容を編集して校内放送で流したり、お昼休みには生徒がリラックスできるような音楽を選曲して流したり、運動会や学校行事の裏方を行ったりなど、忙しくも充実した日々を送りました。

特に思い出深いのは3年次の、47都道府県の各県1位の代表に選出された放送部が一堂に参加する昭和39年NHK全国高校放送コンテストです。

大沼池に白鳥が飛来したニュースを取り上げ、5分間のドキュメンタリーにまとめ、何とラジオドキュメント部門で見事1位を獲得したのです。これは野球で言えば、甲子園で優勝したのと同じくらい名誉なことです。

私たちは池周辺に泊り込み、餌付けしながら野生の白鳥の生の音声を録音したり、白鳥飛来による池周辺の活性化の様子や、町の人の驚きの声を取材するなど、さまざまな角度からこのニュースを深堀りしました。

放送部で培われた取材能力は、今でも私の人生に大いに役立っています。多角的に物事を捉え、その意味や原因、深層心理は何なのかについて深く考え追求することで、お客様の真のニーズを捉えることができ、そのニーズに応じたサービスを提供しお客様に喜ばれることを通して、私は少しずつ、しかし着実に事業を拡大してきたのです。

私の人生を振り返りますと、私は昭和21年、富山県射水郡大門町で生を受けました。私が3歳になるころ父が病死したため、私に父の記憶はありません。よその家の「家庭」という温かいものが、私の中で幸福の象徴のように思えました。

私が目指す会社は、ただ売上げを伸ばし利益を拡大するのではなく、人に喜ばれ、社会のためになる、そして幼いころに思い描いた温かい「家庭」をみんなに作ってもらいたい、そうしたことが実現できる会社です。

一人で会社を立ち上げた創業当時に行っていたことと言えば、高校時代に培った取材力を生かし、お客様の言葉を徹底的にヒアリングし、真のニーズを捉えることでした。

そのような地道な努力を繰り返し、現在ではグループ6社、総勢520名と、東京都内の不動産会社の中でも中核に位置し、不動産に関するあらゆる事業を展開するまでに成長させることができました。

しかし、私は今の状態に満足してはいません。73歳になった今でも、まだまだやりたいこと、やらなければならないことは数多くあると考えています。

私の会社においても、学校を卒業したばかりの新入社員から、77歳のシニアスタッフまで、全員現役、全員主役として活躍しています。人生100年という時代においては、70歳からが第2の青春です。

世の中の変化を敏感に捉え、さまざまなことへの挑戦をし続ければ、たとえ肉体は衰えたとしても、脳みそは青春真っ只中の楽しい人生を送ることができます。そのためにも日々の勉強と健康づくりは一生涯続けましょう。

私は在学時には取材というものに夢中になり、それが今に生かされていますが、在学生の皆さんにおかれましては、ぜひ、高校生のうちに何か好きなものを一つでも見つけてもらいたいと思います。そしてそれに一生をかけて夢中になってください。

夢中になるものができるとそれを極めようという目標が生まれます。人生を送るうえで、目標を持っている人と持っていない人では、人生の濃さ、そして豊かさが違います。富山県が輩出した著名な諸先輩方も常に目標を持ち、それに向かって邁進したはずです。ぜひ人生の目標を早めに見つけていただき、素晴らしい人生、未来を自分自身の手で作ってください。

結びとなりますが、小杉高等学校が素晴らしい伝統を継続し、新たな世代へ引き継がれさらなる飛躍を願うと共に、世界に羽ばたく人材を輩出する高校として躍進が続いていくことを願ってお祝いの言葉とさせていただきます。

※本コラムは「小杉高等学校　創校100周年記念誌」への寄稿を転載しています。

富山県出身の経済成功者

	創業年	
清水喜助（富山市）	1803年（享和３年）	清水建設創業者（日本における建設大手の中でも、スーパーゼネコンと呼ばれる５社のうちの１社）
中田清兵衛（富山市）		北陸銀行初代頭取（富山第十二国立銀行設立）
安田善次郎（富山市）	1876年（明治９年）	安田財閥創業者、安田銀行創業者（富士グループ、現みずほ銀行）、明治安田生命
正力松太郎（射水市大門）		読売新聞社長、日本テレビ社長、国務大臣
瀬木博尚（富山市）	1895年（明治28年）	博報堂創業者（日本でNo.2の大手広告代理店、No.1は電通）
瀬島龍三（小矢部市）		伊藤忠商事航空部長から副社長、会長へ（日本屈指の巨大総合商社）
小林與三次（射水市大門）		読売新聞社主、日本テレビ会長
浅野総一郎（氷見市）	1918年（大正７年）	浅野財閥創業者、浅野セメント（後の日本セメント現在の太平洋セメントの基礎となる）
		神奈川区に浅野中学校浅野高校を創立・運営
黒田善太郎（富山市）	1920年（大正９年）	コクヨ創業者（文房具やオフィス家具、事務機器を製造・販売する事務用品のトップメーカー）
青井忠治（射水市小杉）	1931年（昭和６年）	丸井創業者　丸井クレジット（日本初のクレジットカードを発行した会社）
吉田忠雄（魚津市）	1934年（昭和９年）	YKK創業者（ファスナーの世界シェア45％超を誇る企業）
角川源義（富山市）	1945年（昭和20年）	角川書店創立者（小学館、集英社、講談社と並ぶ大手出版社）
竹平政太郎（高岡市）	1960年（昭和35年）	三協アルミ創業者（建材・マテリアル・商業施設事業を行う企業で、大手アルミ４社の一角）
大谷米太郎（小矢部市）	1963年（昭和38年）	ホテルニューオータニ創業者、大谷製鉄、県立大谷技術短期大学創立（現富山県立大学）

リビングライフの歩み

平成８年　新入社員歓迎会

平成８年　新卒一期生が入社

平成８年
世田谷区尾山台に
本社ビル完成

平成９年
株式会社リビングセンター設立

平成９年頃の写真

平成13年
10周年記念パーティー

平成13年　社員旅行　バリ

平成13年　初の分譲マンション
ライフレビュー矢向

平成15年　蒲田支店オープン
蒲田支店の屋上にてレセプション

平成15年　蒲田支店オープン
オープニングパーティー

平成18年より開始したマンション安心への取り組み
写真は平成30年の相模原施工チェック第3回

平成26年　防災備蓄庫
「まもりBOX」が
グッドデザイン賞受賞
食料品

平成26年　防災備蓄庫「まもりBOX」が
グッドデザイン賞受賞
防災備蓄庫

平成27年　ライフアソート横須賀サンサタウン　田中啓一賞受賞

平成27年　住宅金融支援機構からの
感謝状贈呈の様子

平成28年　住宅金融支援機構からの
感謝状贈呈の様子

平成29年　住宅金融支援機構
感謝状

平成29年　「世田谷区産業表彰」をいただきました。同表彰は、世田谷区内産業の育成・振興に貢献された方の功績を称え、企業の発展と地域産業の振興に寄与

第2部

志は一つ

リビングライフグループ　各事業部の事業理念

【リビングライフ　ディベロップメント事業部】

一、初めて家を持つお客様を応援します。

二、未来を創造するものづくりで、地域と社会に貢献します。

三、ホスピタリティを大切にし、お客様の想像を超えるサービスを提供します。

四、価値観と志を共有し、組織の発展を目指します。

五、安心・安全・公正な取引を社会的使命とし、コンプライアンスを遵守します。

【リビングライフ　住宅流通事業部】

一、初めて家をもつお客様を応援します。

二、優良な住宅の情報発信を通し、社会に貢献します。

三、ホスピタリティを大切にし、お客様の創造を超えるサービスを提供します。

四、資格取得と社内外研修により、専門性の高い提案を実践します。

五、安心・安全・公正な取引を社会的使命とし、コンプライアンスを遵守します。

【リビングライフ　契約管理部】

一、最新の金融情報を収集し、お客様に最適な住宅ローンを提案します。

二、ホスピタリティを大切にし、お客様の想像を超えるサービスを提供します。

三、資産形成のパートナーとして、社会的使命を果たします。

四、安心・安全・公正な契約を社会的使命とし、反社会的勢力の排除などコンプライアンスを遵守します。

五、資格取得と社内外の研修を通じて専門性の向上を目指します。

【リビングライフ　マーケティング部】

一、リビングライフグループの企業価値の向上を目的とし、業務を遂行します。

二、社会の一員であることを認識し、社会規範に則った広告宣伝を行います。

三、常にお客様の声に耳を傾け、ニーズを的確に捉え、社会に貢献します。

四、新鮮でわかりやすい情報発信と、有益なサービスの提供により、お客様満足度の向上に努めます。

五、資格取得と社内外研修により、専門性の高い提案を実践します。

【リビングライフ　企画総務部】

一、リビングライフグループの企業価値の向上を目的とし業務を遂行します。

二、法務関連制度を遵守し社内規程に基づき、倫理観念と責任感をもって業務を遂行します。

三、個人情報を保護し、情報漏洩のない体制を整え、常に適正な管理を行います。

四、万一の災害時に対しても、社内外・経営への影響を最小限にとどめるよう、情報の収集・発信を速やかに行います。

五、反社会的勢力との接触ならびに取引を行わない。反社会的勢力等からの不当な要求には毅然とした態度で対応します。

【リビングライフ　企画経理部】
一、リビングライフグループの企業価値の向上を目的とし、業務を遂行します。
二、正しい知識と誠意をもって業務に取り組み、信頼される部署を目指します。
三、常にコスト意識をもって業務に取り組みます。
四、自ら考え行動し、報告連絡相談を徹底します。
五、最新の税務関連制度を把握し、適正な処理を行い財務基盤の強化に努めます。

【リビングセンター　パーキング事業部】
一、地域の利便性の向上を実現し社会に貢献します
二、土地の有効活用を実現し、不動産の資産価値を高めます
三、利用者・土地所有者・管理会社、三者の喜びを実現します
四、安全・安心・整備・美化された駐車場を運営します
五、順法性・公共性・公平性を重視し、総合的企画提案を行う企業の実現を目指します

【リビングセンター　カスタマーサポート課】
一、不動産の有効活用と資産価値の維持・向上に努めます。
二、ホスピタリティを大切にしお客様の想像を超えるサービスを提供します。
三、賃借人・賃貸人・管理会社、三者の喜びを実現します。
四、優良な不動産・住宅情報と地域情報の発信により、社会に貢献します。
五、順法性・公共性・公平性を重視し、総合的企画提案を行う企業の実現を目指します。

【リビングコミュニティ】
一、所有者の資産価値の維持と向上を図ります。
二、自ら考え行動し、報告・連絡・相談をおこない、居住者の満足度を高めます。
三、世の中の変化に対応し、総合的なサービス商品を提供します。
四、知識、資格、経験知の蓄積をもって組織を強化しサービスの充実を図ります。
五、順法性、公共性、公平性を重視する企業を目指します。

【東横建設】【リビング建設】
一、初めて家を持つお客様を応援します。
二、安心、安全、資産価値のある住宅を供給します。
三、お客様、建設会社、事業主の三者が満足する家づくりを実践します。
四、組織力を強化し、技術と現場監理の向上を実現します。
五、社会の財産である〝高品質住宅〟の供給を社会的使命とします。

【朝日建設】
品質方針
「当社は、精度の高い技術管理を行い、顧客に安心と満足と感動をして戴く会社を目指します」
スローガン
「人の和とやる気でつくろう朝日建設」

リビングライフグループの歩み、そしてこれから

株式会社リビングライフ・専務取締役
株式会社東横建設・代表取締役
樋口　朗（62歳）

リビングライフグループは今から約30年前、炭谷が一人でスタートさせた売買仲介の流通事業が始まりです。そこに私を含む４～５名が加わり、戸建分譲・マンション分譲・賃貸物件の仲介・管理、コインパーキング事業・マンション管理・ＲＣ建設・戸建建設・リノベーション事業・リフォーム事業と、総合不動産・建設会社として事業を拡大していきました。

私は現在その中でも、戸建・マンションの分譲・建設事業、コインパーキング事業・マンション・大型分譲地の管理事業を担当しているのと同時に、グループ会社全体の運営・管理にも携わっています。

私と炭谷とは長い付き合いになりますが、そのきっかけとなったのは40数年前、私が初めて不動産業界に入った会社の直属の上司が炭谷だったことまで遡ります。

この業界に入って、初めての契約も炭谷に交渉してまとめてもらいました。当時のことは今でも鮮明に覚えています。途中、お互い勤める会社が変わるなどしましたが、仕事や個人的な相談で変わらず連絡を取っていました。

そんななか、炭谷が現在のリビングライフを起業します。まもなく私も連絡をもらい、当時の勤務先の引継ぎ等を終えて、約1年後に入社しました。

しかし、当時はバブル崩壊の影響で不動産は右肩下がり。毎月のように価格が下がっていた時代です。当然、住宅を購入しようとする人も少なく、どんなに頑張ってもなかなか契約が取れず、モチベーションも保てずにいました。

実は私は「入社以来30年」と言っていますが、入社から2年後に1度退社し、その3年後に再入社しています。入社から2年ほど売買仲介の仕事を行いましたが、次第に同じ不動産業界でも仲介ではなく、分譲の仕事にチャレンジしてみたかったのです。

しかし、当時のリビングライフは創業間もないため実績が少なく、資金力も無いため「分譲を経験するなら他社に行くしかない……」という状況でした。

そこで、辞める覚悟で炭谷に相談したところ、「建売の仕事を覚えたらまた戻って来いよ！」と快く承諾してくれ、他のメンバーにも「樋口は建売の仕事を覚えるため他社に異動して、また3年後に戻ってきます」と話してくれました。

そして3年後、私は本当に再入社しました。炭谷の器の大きさと、先見の明があることに感服した出来事でした。その後は売買仲介の実績により、金融機関からも資金が出るようになり、分譲事業は飛躍的に伸びていきました。

順調に事業を伸ばしていたとき、リーマンショックが起こり、弊社も大打撃を受けました。当時は、つい1年前まで過去最高の収益を上げていた上場会社でさえも次々に倒産していきました。当然、弊社も新規事業への資金は出ず、銀行からも在庫の早期販売、融資資金の返済を強く迫られました。長年良好な取引きをしていた住設メーカーや大手代理店からも、保証金の積み立てや現金取引きを要求され、大変厳しい状況におかれました。

在庫を早期販売するため、販売担当の社員だけでなく、仕入担当や事務系社員まで、とにかく社員全員で販売の強化をしました。それと同時に銀行へ再建案を提出し、月に何度も報告へ行き、資産の売却ともっとも避けたかったリストラも行い、ようやく乗り越えることができました。

先に記したとおり、弊社は創業以来、総合不動産・建設会社として発展してきました。

もし売上や利益の多い分譲事業ばかりに力を入れていれば、おそらくリーマンショックで倒産していたでしょう。さまざまな事業を行っていることで、金融機関からの評価も得られています。またそのころから、当時は不定期に開催していた役員会を毎週開催することとし、常に会社の方針を話し合うようにしました。それが、組織の体制が一本化された現在の形に繋がっています。

グループ会社全体のマネジメントをしていくなかで、常に心掛けていることがあります。それは「理念を共有できる管理職の育成」です。会議や打ち合わせでは自分がメインになるのではなく、極力部下や管理職に発信をさせています。そうすることで現場の意見や改善点が多く出てきますし、社員の自覚ややりがい、そして成長にも繋がると思っています。また、建設部門を見ていく際、「いかに安全で高品質の住宅をつくるか」ということも常に考えています。お金をかければいくらでも品質は向上しますが、それでは弊社が掲げている「初めて家を持つお客様を応援」するという理念は実現できません。

弊社は自社で建築から販売まで行っていますので、営業担当がお客様から直接いただいた意見や、24時間365日稼動のお客様センターに寄せられる質問やクレームを社内で共有し、改善に取り組んでいます。

住宅は常に変化をします。10年前の家と現在の家とではまったく異なります。その時代に合ったベストな安心安全の高品質住宅をつくり、お客様にお届けすることが弊社の使命であると考えています。

新入社員、若い社員の皆さんへ

皆さんへ伝えたいことがあります。それは、成功する人は前向きで、努力をし、それを継続しているということです。

私はこれまで営業センスがある人を何人も見てきましたが、能力があるからといって必ず成功しているわけではありません。私が以前に勤めていた会社の先輩で、現在一部上場の会社を興している方がいます。その方と炭谷との共通点は、仕事に対して前向きで真面目という点です。この2人がサボっているところを私は見たことがありません。能力があるに越したことはありませんが、それよりもコツコツと努力をし、それを継続させることができる人間こそ、最終的に成功すると思っています。

地道に努力を続ける人を、誰かが必ずどこかで見ています。初めから能力のある人に限って仕事にムラがあったり、転職したり、途中で遊んだりと安定的に力を発揮できません。能力は月並みでも、精神力が安定している人に成功者が多いと感じています。

自分が還暦を過ぎた今、周りの成功している人たちを見ると、共通している点は、安定して意欲を持って仕事に打ち込んでいるという姿勢です。決して飛び抜けて能力が高いというわけではありませんでした。

また、その姿勢は良いときだけでなく、悪いときにこそ継続させることが大切です。良いときには誰でも頑張ります。

その点で炭谷は、不遇時代にも仕事に対して真摯に向き合い、気持ちを切らさずに頑張っていました。私もその姿を見て勉強し、そしてずいぶんと励まされました。


最後に、リビングライフグループとしての今後の目標は、総合不動産・建設会社として、現在の東京城南エリア、川崎・横浜エリアだけでなく、首都圏全体にエリアを広げ、事業を拡大していくことです。

さまざまな事業を行っているグループ力を活かし、ひとりでも多くのお客様に「住まいから始まる幸せの生涯設計を提案」し、住まいに関するすべてをワンストップでサポートしていける企業に成長させていきたいと考えています。

徹底的な顧客目線について・組織作り

株式会社リビングライフ・営業本部　取締役統括本部長
神戸　孝憲（42歳）

私はもともと入社後3年で会社を辞める予定で入社しました。
父が会社を経営しておりましたので、その後を継ぐため、勉強させていただくつもりで入社しています。実家は建設関係ですが、不動産の知識を得てから戻る約束で、面接の段階でも「3年で辞めます」とその旨を伝えました。
ですから当初は会社に残るつもりもなく、出世欲もなくて、私の性格からして、誰に遠慮することもなく、何でも思うことを上司や先輩に遠慮せず発信していました。
ちょうど世の中のさまざまな媒体がインターネットに切り替わるときで、集客活動や、営業の時間のすごし方に大きな矛盾を感じていました。時代の変化に備え、どれだけ企画書を作成して新しい手法を会社に稟申しても、管理職の会議では全く取り合ってもらえませんでした。

これに私はどうしても納得がいかず、その当時、まだ話したことも無い炭谷のところまで直談判に行ったのです。もちろん1回ではＯＫが出ず、「費用対効果を提出するように！」「もっと具体的な企画書を提出すること！」など、いろんなことを言われたのですが、ようやく3度目でＯＫが出ました。それで２０００万円以上の予算を組んで、インターネット時代に備えたシステム構築や部署の設立ができたのです。

そのとき私は25歳でした。今から考えると、入社まだ間もない社員がしゃしゃり出てきて、トップがその企画を採用し、実行に移すなんて異例中の異例だと思います。

今でこそ当たり前になりましたが、その当時はインターネットが普及しておらず、今日ほどユーチューブなどの動画コンテンツや、ＬＩＮＥなどのコミュニケーションツールが一般化するとは、なかなか想像できなかったのです。

その新しい時代に対する感覚を、30歳も年の離れた代表が理解を示してくれたことは今でも敬服するばかりです。もちろん、当時の私にとってもすごく刺激的な出来事で、この上なくうれしかったのを覚えています。

「この会社は、根拠と具体策を明確に伝えれば、正しいことは採用してくれるんだ！」という大きな成功体験となり、自信になりました。

それからというもの、「あれをしたほうがいいのではないか?」「これをしたほうが良くなるのでは?」と発信を続けて、いろんな形で吸い上げてもらうことが、自分の中でのやる気に拍車をかけていきました。そうこうするうちに、父との約束の3年が過ぎ、会社を辞める時期が遅れていったのです。

2012年、入社して12年が経過したころ、私は辞表を出しました。父の体調が思わしくなく、跡を継ごうと決めたのです。

当時の私は、売買仲介部門の責任者という立場で事業部長を拝命していました。辞表を出すと、炭谷は闇雲に退社を反対するのではなく、父の後を継いだ跡の事業戦略や資金面の計画などもご心配いただき、質問と助言をたくさんいただきました。ときには深夜まで話し込んだこともありました。

その話し合いの結果、「1年間で後任の体制を作ってほしい」と命じられました。

そこで私は「こういう組織にしたい」「思いを部下に届けたい」など、これまで以上に組織作りに夢中になっていったのです。辞表を出して後任体制を作ろうとしたことが、さらに仕事に没頭することになり、逆に日々のモチベーションは上がっていったのです。

結果、私は父の跡を継ぐことをやめ、リビングライフに留まり、「組織作り=人材育成に全力を尽くそう!」と覚悟を決めたのです。炭谷代表からは後に、そうなると思っていたと言われ感服しました。

現在の私の仕事は営業部門の本部責任者と、それに関連する広告マーケティング部門と契約管理部門の管理責任者をしています。役員としては、会社の経営活動の一端を担っています。

現在の私にとって組織作り＝人材育成が一番の仕事です。すでに私は一般のエンドユーザーであるお客様への直接対応は一切やっておりませんので、現場に対して最もやらなければならないことは「人材育成」、これに尽きます。

あとは、それぞれの部門の数値管理を行い、問題点を抽出し改善をしていくこと。結果が良ければ奏功点を全体に共有しますし、結果が悪ければ原因を見極め、対策を講じ、改善させたうえで全体に共有しなければなりません。当然ですが、すべての部門の結果に責任を負っています。

これまでは、各部門の成長カリキュラムを作り、それを実行ベースに移す……そのような体制が完成されていませんでした。よく言えばＯＪＴ（実地研修）、悪く言えば現場の力量次第。

現場も最小単位で、マネージャーの課長任せになってしまっていた部分が多々ありました。それをどこの部署でも、どこの現場でも温度差が発生しないように、教本やQ＆Aをつくり、定期的な勉強会を開催しました。

さらにアイパッドなどのツールを通じて情報共有を加速させ、どの現場でもそれぞれのマネージャーが講師をやり、レクチャーできる人材育成カリキュラムを策定しました。

また、トップダウンで教わるだけではなく、社員が積極的に自分の意見や考えを前に出すボトムアップの環境設定にも取り組みました。

たとえば管理職は参加せず、現場の改善改革を議題に、社員だけが参加する社員会議の開催。また、その社員会議を取りまとめ、次期管理職候補としての特別勉強会に参加する社員をチューターとして数人選抜する制度を確立しました。

これにより、一般社員からもさまざまなアイディアが持ち寄られ、現場のサービスや戦略に具現化されています。

ただ仕事を覚えるだけでなく、「人を創る」という意味での人材育成にとって、人に喜ばれるアイディアを考え、それを具現化できる環境設定は非常に重要だと考えます。これは前述した私自身の、意見を採用してもらった過去の経験と、炭谷がくり返し話す「リビングライフグループは社会人大学であれ」という考え方に由来しています。

リビングライフグループは「売上をとにかく上げなさい！」をトップスローガンにしていません。「住まいから始まる幸せの生涯設計を提案します」「初めて家を持つ人を応援します」といった、ホスピタリティを大切にしている会社です。

もちろん営業スタッフのなかには、「売上を上げて成績を残したい」「出世もしたい」という願望もあると思いますが、それだけではいけません。

根幹に必要なのは〝お世話焼き〟つまり、誰かにお世話をしたい奉仕の精神ではないでしょうか。

それは誰かに言われて動く命令系統ではなく、社員自ら考えて自発的に行動できなければなりません。

また、自己満足のお世話焼きではなく、お客様に「えっ！　そこまで？」と思っていただけるようなお客様の想像を超える、十分な不動産・金融の知識とホスピタリティの精神を兼ね備えた「プロの相談者」として仕事に取り組めば、自ずとお客様からの信頼を受け、必ず「売上」として結果もついてきます。

接客もそうですが、営業のさばきがうまい人よりも、安心して将来設計を任せられる営業スタッフにお願いしたいはずです。それがＡＩにはできないことだと思っています。炭谷もリビングライフという社会人大学で「プロの相談者を育てるんだ！」と日々話しています。

炭谷はすごく等身大の人です。「親父」というか「親せきにいるおじさん」とでもいいましょうか。当然ですが、社長としての分別はあります。それは圧倒的に違いを感じています。不思議な感じといいますか、人として尊敬しているから、ただ「神輿を担ごう！」というものとも違うのです。

普段はとても身近に感じます。パートさんの出身地まで覚えています。新卒社員の名前もよく覚えています。そのような身近な部分もあれば、「なんて、すごい経営者なんだ！」と思わされる格別な場面にも何度も出くわしてきました。

とにかく問題点を把握し、対応するスピードが猛烈に速いのです。全体を見て発言しているのかと思ったら、現場まで下りていってミクロで物事を確認する。この着眼大局、着手小局のスケールが、経営者としての凄さだと感じています。

今後のビジョンですが、リビングライフグループには現在６つの関連企業と、27の事業部があります。炭谷が創業から30年かけて作り上げた体制です。後発の部署は炭谷自らが陣頭指揮を執り軌道に乗せてきました。

今ではそれぞれの会社や事業部で独立採算が成立するに至りました。これを本当の意味でワンストップ化させることが今後の最大の課題であり、次世代を担う我々の最大ミッションです。

たった一人のお客様の人生に対し、その「困った」問題を、グループの総合力で対応し解決する。こういった生涯サポートを磐石化させることが企業使命だと思います。

現在、グループ全体で1万7０００組を超えるお客様とお取引をさせていただきました。このお客様へのアフターサービスこそ「生涯サポート」につながる最重要課題ととらえ、特に今後注力します。

おそらくどの方も、賃貸から始まり結婚や子どもの入学、出産にお別れ、相続……人生には予期できないさまざまな出来事が起こり、それらのタイミングに合わせて、住まいに対するニーズもどんどん形を変えていきます。

購入や売却、転貸や改築、アパートの建築から遊休地の運用、資産管理のご相談……。それら一つ一つのタイミングに、グループ全体で情報共有し、税制面や運用面も視野に入れ、いつ、どう対応することが最適なのか。

そういったプロの判断と企業としてのサービスを、一人ひとりのお客様へ提供できることが、弊社の「住まいから始まる幸せの生涯設計を提案する」の具現化につながると考えます。

そして、社内の全スタッフがお客様の窓口となり、グループ力を最大限に活かし問題解決できる。つまり、一人ひとりがグループのコンシェルジュになること。この成長が企業の成長だと考えます。

そのために、営業拠点は極力細かく、ドミナントにて多店舗展開を図りたいと思います。急速に全国展開するのではなく、首都圏を中心とした関東エリアにおいて、あちらこちらに「リビングライフグループ」の拠点がある。特に住宅探しの入り口となる賃貸店舗の出店を先頭に進めて参ります。

そして、そのどの拠点においても、住まいに関することや生活に関すること、資産管理に関することなど、さまざまな質問やご依頼に対応できるコンシェルジュがいる。

これがワンストップ化の目指すべき未来です。

我々は、ワンストップサービスの組織化とプロの相談の育成、ドミナント店舗展開を背景に新規のお客様と、これまでにお取引いただいたすべてのお客様から発生する「困った」をホスピタリティを持って解決できる生涯サポート企業を目指します。

これからの不動産仲介営業と人材育成について

株式会社リビングライフ・住宅流通事業部　執行役員本部長代理
田村　恭一（40歳）

私は、大学を卒業と同時に、新卒採用でリビングライフに入社致しました。配属部署は、住宅流通事業部という売買仲介の営業部門です。この世界に飛び込んでまず感じたことは、仲介業者同士のせめぎ合いでした。

私が配属された「不動産営業」の世界とは、とにかく売上を上げる、他社との合戦、顧客の取り合い、時には顧客が他社で契約をしようものなら、ウソをついてでも契約をさせないような邪魔のし合い……。現実がイメージを遥かに超え、この世界はいったい何なんだと圧倒されました。

20代でこの世界に飛び込み、お客様に担当営業として自身を選んでいただくために前向きに頑張りながらも、お客様が幸せになるための選択に対し、ウソをついてまで、なぜ他社は邪魔をするのだろう……と、だんだんと疑問が生じていきました。

本来、お客様が主役でなければならないのですが、この業界では、営業スタッフ自身が主役になっているのです。一番大切にしなければならない「お客様」を「客」と見ているのでしょう。


リビングライフに入社をして良かったことは、炭谷の理念に基づく、一般的な「ガツガツ、強引」な営業会社ではなく、住まいはお客様が決めるものであり、営業スタッフが、そっと背中を押してあげるようなイメージを持って営業に取り組んでいることです。

根拠のない強引な営業をすることはなく、お客様の背景を理解し、何に対して不安に感じておられるのか？　疑問点は何なのか？　その気持ちに共感したうえで、具体的な根拠をもって良し悪しの説明をします。

それゆえに、たとえお客様が「良い」と感じたとしても、こちらがお勧めすべき物件ではないと判断すれば、その根拠を誠意をもって説明し、より最適な物件をご提案して参ります。すべての発想は、お客様の希望条件からより深掘りすることで、真のニーズを探し出すこと。妥協ではなく、満足、納得をしていただくことにあります。

リビングライフは、仲介業＝サービス業であり、「不動産会社なのにここまでやってくれる！」と感じていただけるために、何をすれば良いのかを真剣に考えています。これにより、近年掲げているスローガン「ホスピタリティ～想像を超えたサービスを提供する」につながっているのです。

これは、本来サービス業としてのあるべき姿です。弊社は、販売業ではなく、不動産コンサルティング業であり、「プロの相談者」という位置づけで考えており、そのためには何をすれば良いのか？　弊社が存在する意味はどこにあるのか？　どのように住まいを通じてお客様や社会に貢献していくのか？　を考え続けました。

そして出てきた答えは、宅地建物取引士だけではなく、コンサルティング業として、ファイナンシャルプランナー（ＦＰ）を取得し、将来に向けたライフプランの提案を含め、お客様をサポートすることだと考えたのです。

プロとして、地域のことはもちろん（原則、カーナビゲーションは使用しない。地域のプロとして、タクシードライバーより道に詳しくなるべき教育をしております）販売されている物件を、自身の目で見て感じたことや不動産の知識を持つプロとして意見をお客様にお伝えできるよう、日々の下見は欠かしません。

昨今、インターネットの普及により、誰もがある程度の情報を収集することが可能です。しかし求められている真のニーズは、インターネット上に溢れる情報の中から正しい情報をわかりやすく説明し、さらにインターネットではわかり得ない情報をご提供することではないでしょうか。そうすることで自然とお客様の相談相手となり、お客様に選んでいただけると考えています。これらを徹底することが他社との差別化であり、この先に必要とされる不動産仲介業の姿だと思います。

そして最も考えなければならないことは、住まい探しとは、不動産売買契約を締結することがゴールではないということです。お客様にとって、お住まいになられてからがスタートなのです。

私たちはプロの相談者として、お住まい後もサポートしていけるよう、定期訪問やイベントの開催、ライフプラン相談などの「生涯サポート」サービスを確立させました。建築・不動産・コンサルティングなど、ワンストップでお客様へサポートできることも弊社の強みです。今後も、他社にはないアフターサービスを継続的に増やしていき、より選ばれ続ける存在になっていけるよう、進化していく必要があると考えています。

この考え方をスタッフ一同で共有していくために、既存社員向けのカリキュラムを作成しました。頻繁に、営業セミナーや管理職による案内講習、商品知識チェック、住宅ローン勉強会など、お客様に必要とされる人材になれるよう日々努めています。

また、管理職候補の育成についても「チューター」制度を確立させ、社員のまとめ役となり組織目線で仕事ができるよう、接客の勉強会なども踏まえカリキュラム化しています。

採用についても、これらの理念に共感できるスタッフを新卒中心に採用し、組織として、担当によってお客様へのサービスが異なることのないよう、日々教育をしています。新卒育成については、主に知識吸収と「わかりやすく伝える」をメインに構成しました。

この他にも多々ありますが、人材教育の分野は今後さらに発展させていく必要がありますす。すべては、選ばれる存在であるために、プロの相談者として、お客様に寄り添える企業でありたいとの考えからです。

住宅購入とは、一生に一度と言っても過言ではなく、人生設計において必要不可欠なものだと思います。

住宅を所有することで、①住宅ローンが完済すれば資産になること、②体が健康でないと住宅購入は難しくなること、③持ち家があれば、万が一ご主人様が亡くなっても、団体信用生命保険（団信）の適用で住宅ローンが完済できることで家族を守れること、④昨今の受け取れる年金額が減ってくることより、早期に住宅ローンを完済させることが後の豊かな暮らしにつながることなど、メリットが多数ございます。

しかし、これらが意外にも認知されていないことでもあり、弊社は、より発信を広めてお客様の人生設計のサポートができればと思っております。

弊社の今後のビジョンですが、まだまだ弊社より良い企業は多数ありますが、その反面、いまだに主役は営業スタッフ自身（会社）であり、「お客様」を「客」として接している企業も多数あります。

そのような会社が広い範囲で店舗展開をして成功している実態もあります。お客様はどこの会社から住宅を購入することが幸せなのか？　と考えると、よりサービスを向上させながら、この活動をより広く伝えていくことがお客様のお役に立てると考えております。

昨今、お客様より年々感謝のお言葉を頂戴する機会が増え、紹介をいただく件数も増えて参りましたが、より店舗を拡大することで、その数を増やしていけることが、社会貢献につながっていくと信じています。

現在、店舗は蒲田・川崎・鶴見・新横浜で営業しておりますが、神奈川を中心に広げつつ、いずれは都内でも、城東・城北・城西エリアに進出し、年1店舗ずつ、10年後には約15店舗を構え、少しでも多くの方に弊社のサービスをお届けできるよう、スタッフ一同、日々努めて参ります。

店舗展開について、その戦略と考え方

株式会社リビングライフ・住宅流通事業部　執行役員部長
池上　裕治（46歳）

私は売買仲介を行う住宅流通事業部新横浜センターの店舗運営と管理、及び不動産コンサルティング業務に従事しています。

私は2002年に入社して以来、売買仲介業務一筋で仕事をして参りました。

私が入社した当時は、家は売ったら終わりという時代であり、「ファイナンシャルプランナー（FP）」や「ライフプラン」といった言葉は耳にすることはありませんでした。

しかし昨今、「ライフプラン」という言葉が聞かれるようになり、これまで以上に住宅の購入が老後の生活に直結する問題であると意識するお客様も増えて参りました。

私自身もよりお客様にご満足いただける人生設計が描けるようFP資格を取得し、日々知識の幅を増やす努力をしております。

以下に述べますが、新規出店においても人材育成が重要となりますので、宅地建物取引士、並びにFP資格を持った社員が一人でも増やせるよう、人材育成に力を注いでいきたいと思っております。

リビングライフは創業当初、東京の城南地域を商圏として営業して参りました。その後、2005年の川崎センター開設を皮切りに、2015年に鶴見センター、2019年は新横浜センターを開設するに至りました。

ところで営業拠点が東京にあるのに、なぜ川崎・鶴見・新横浜へと出店したのでしょうか？　その答えは「初めて家を持つお客様を応援する」という企業理念と関係しています。

リビングライフは創業以来、一般のサラリーマン世帯の手が届く住宅をメインに取り扱って参りました。ところが我々が創業以来から力を注いできた城南地域は、年々地価の高騰により物件価格が上昇し、現在では手が届きづらい価格帯となっております。

このような状況下において、我々の強みを生かせる地域はどこであるのかと考えた結果、城南地域と比較して安価であり、また需要と供給が安定している点で川崎・横浜エリアが候補となりました。そのなかで、川崎・鶴見・新横浜へと出店を進めていったわけですが、ここにも理由があります。

「ドミナント」という言葉をご存知でしょうか？　これは特定の地域に対し、高密度で出店することにより経営効率を高める手法であり、弊社の出店地域の決定に際してはこの考え方を採用しています。この「ドミナント」の考え方をベースに半径5キロを商圏とし、蒲田支店から川崎・鶴見・新横浜センターの順に出店していきました。その結果、店舗間における情報共有やお客様の要望に沿った物件提案や店舗利用が図れるようになり、大変ご好評をいただいております。

不動産やファイナンシャル知識をしっかり持った営業マンによる、高品質サービスを提供する機会を増やすための出店ですが、これを永続的に実現するには「人材育成」「高度な接客」が不可欠です。ただ、これらについてはまだ発展途上であり、今後の課題です。

特に資格においては、「宅地建物取引士」「FP有資格者」の数がまだまだ不足しています。人材育成が順調に進み、質の高い営業マンを、これまで以上に育成することができれば、横浜線沿線、相鉄線沿線及び、戸塚方面へ毎年1店舗、10年後には10店舗の出店を実行していければと思っております。

住宅流通事業部の仕事について

株式会社リビングライフ・住宅流通事業部　部長
佐藤　広顕（38歳）

私が平成16年に入社した当時の仕事内容は、土日の週末に現地販売会で集客活動・現地ご見学希望のお客様のご案内でした。平日は電話での営業活動が主でした。今では考えられませんが、その当時は営業部署にパソコンが1台しかなく、紙のチラシや住宅情報誌などの広告媒体で集客活動を行っておりました。

それから15年の月日が流れ平成も終わりましたが、今日ではネット広告がメインになっております。また、お客様への物件紹介も電話からメールやラインなど、お客様のご希望に沿った手段に様変わりしました。

平成初期は広告販売図面も営業部が手書きで書いていたものから、わずか30年で今では写真や動画をメールでお客様にお送りするまでになりました。また、紹介する物件も平成初期に3階建ての新築戸建てが誕生して、今では3階建ての物件が当たり前の時代になりました。

紹介する物件・広告宣伝方法・お客様へのご連絡方法など、すべての仕事内容がこの短期間で変化していきました。私たち従業員もこの変化にいち早く対応することが、今後の将来にわたって不動産仲介業として地域ナンバーワンでいるためには不可欠だと思います。ただ、今も昔も変わらないことは、どんな時代でも「住宅を購入したほうが良い！」ということです。賃貸で家賃を払っていることはもったいないことです。お問い合わせいただくほとんどのお客様は、平均10～15万円前後の高いお家賃を払っておられます。

常々、社長からは毎月の朝礼時にこう言われていました。「家賃を払うくらいなら、若いうちに小さくてもいいから家を買いなさい！」と。私自身、20代でマンションを購入し、そのうち家族も増え、今では一戸建てへ住み替えをしました。生まれて今まで家賃を払ったことがありません。

自分自身が住宅購入を若いうちに経験したことが、お客様へ「家賃を払うのはもったいないから、早く家を持ったほうがいいですよ！」と自信を持って言えるのだと思います。

営業部では新人社員からベテラン社員まで全員が「家はなぜ持つべきなのか」を、お客様にしっかりと理解していただくために営業教本を作成しました。これは単なる家を売る人ではなく、お客様へ、住宅購入は素晴らしいことを多くのお客様に届けることが今後の目標になります。

そして、私の所属している川崎センターの目標は、川崎市北部への出店です。川崎市は、平成31年5月に人口150万人を突破して、神戸市を上回り政令市第6位になりました。

平成の30年間でなんと30万人も増加しました。これからますます発展する川崎市とともに、私たちも川崎市の地域貢献・住宅供給をめざします。

初めて家を持つお客様を応援します

株式会社リビングライフ・住宅流通事業部　次長
當　裕介（37歳）

人間の生活の基本といわれる「衣・食・住」のなかでも、つい後回しにされがちな「住」ですが、初めて家を持つ方が、より早いタイミングで「住」に対して考えていただくきっかけとなることが、私たちの仕事の第一歩と考えています。

リビングライフは富裕層をメインではなく、一時取得者層をターゲットにすることで、地に足がついた営業展開をしている会社だと実感しています。

企業後の会社存続率は10年で5％といわれておりますが、私自身が入社した当時のライバル会社も、今ではほとんどが淘汰され寡占化が進むなか、一方では毎年のように新たな企業が生まれています。

「住」が必要であるからこそ、競争の激しい市況なのだと思います。そのようななか、創立30年を迎えることができるリビングライフの一員でいる私は、本当に幸運であると身にしみて感じます。

そんな私自身も妻の出産を機に1軒目のマンションを購入し、より快適な「住」を求め、現在の一戸建てを購入しました。この会社で仕事していなければ、住宅購入はもう少し遅れていたかもしれませんし、住み替えの決断もできなかったであろうと想像します。

入社後、私は3つのエリアで仕事を経験し、お客様の特性もさまざまであると実感しています が、

「あのタイミングで家を購入しておいて、本当に良かった！」

そうお客様からおっしゃっていただくことが、どのエリアでも共通した目標であり、私のミッションであると肝に銘じています。

●今後のイメージ

2019年7月より、鶴見センターは鶴見区という1区に特化した拠点となりました。日本全体では人口減少が予想されていますが、鶴見区という市況は首都圏近郊でも、まだまだ人口増加が想定されている稀有なエリアといわれています。

しかし将来的には、新築物件の購入者向け取引だけでなく、取引全体の20～30%は、中

古物件の取引となっていなければならないと考えています。

戸数の多い中古マンションなど、売却向けの取引数にも注力し、今まで以上に鶴見エリアに密着した営業店舗を目指します。

今後は京急線沿線を中心に、横浜駅から保土ヶ谷区方面への進出を見据えて着実に進化していきたいと思います。

リビンググループにおける賃貸事業部のミッション

株式会社リビンググライフ・賃貸事業部　ＪＲ蒲田店　店長
佐藤　卓磨（29歳）

私は大学を卒業と同時に、新卒採用でリビンググライフに入社しました。現在は賃貸事業部に在籍しておりますが、入社直後の配属部署はディベロップメント事業部でした。

このディベロップメント事業部は自社分譲物件を販売する部署です。営業の業務は販売物件のご案内や、周辺の環境情報のご提供、そしてお客様の将来設計を一緒に描き、真のニーズをヒアリングすることです。

そのお客様がご契約となった場合は、法令のプロである契約課が契約書を作成し、重要事項説明を行います。また住宅ローンに関しては、金融機関の特長や住宅ローン商品を知り尽くしたローン課がご対応するといった分業制をとっています。

私は取得した宅地建物取引士の資格を活かし、物件のご提案から契約業務、そして最後のお引き渡しまでを自分で責任を持ってお世話したいと思い、その制度がある賃貸事業部に自ら志願して転籍しました。

賃貸事業部に転籍した当初は、売買部門とは全く違う仕事内容にとても戸惑いました。売買とは違って接するお客様の数があまりにも多く、更にお客様それぞれがスピード感を求めていらっしゃいます。私の経験不足と知識不足もあり、お客様に満足のいくサービスがご提供できず挫折を味わいました。

しかし、日々正解を求めながら試行錯誤し、目まぐるしく変化していく環境に大きなやりがいを感じております。賃貸事業部の仕事も4年目となり、ＪＲ蒲田店の店長として1店舗を任せていただける立場になりました。

賃貸事業部で一番大切に考えていることは、お客様のお話を親身になって聞くこと。そのうえで、お客様の人生にベストな提案をすることに尽きると思います。

まだまだ未熟で勉強中ではありますが、社員全員で共に成長できる環境を作っていければと考えております。

ここからは現在のリビングライフグループにおける、賃貸事業部のミッションについてお話しします。

まず、賃貸事業部においては単身者・ディンクス・ご家族と、実にさまざまなお客様が来社されますが、他事業部に比べて20代から30代の単身者、ディンクスのお客様の割合が全体の約7割を占めるのも賃貸事業部の特徴だと思います。

お客様が最初に「住宅」というものに触れるきっかけとなるのが、「賃貸」の方も少なくないのではないでしょうか？

その入り口を担当するのが私たちであり、それと同時に、リビンググライフグループを最初に知っていただくきっかけとなる事業部でもあります。

当グループは、お客様の「生涯サポート」を掲げ、「住宅」に関する分野においてお客様からのさまざまなご相談に、ワンストップでお応えできることを強みとしております。

逆にいえば入口である私たち賃貸事業部が、お客様から信頼されなければ、一度はリビングライフで賃貸物件をご契約いただいたお客様から、次なる節目にもご相談をいただくことはなくなるということでもあります。

私たちが「生涯サポート」の入口として、お客様から信頼されるプロの相談者となり、賃貸でご入居されたお客様が「いずれは購入したい」というご要望や、お取引のあるオーナー様が「物件を建替えたい」といったご相談にも、ワンストップでお応えできるよう、他事業部につないでいくことが賃貸事業部の最大のミッションだと考えています。

次に賃貸仲介営業についてですが、他事業部と比較して賃貸物件を借りられるお客様の年齢層が、20代前半から30代と若い世代が多いこと。それに、オーナー様も団塊世代から団塊ジュニア世代に移行してきたこともあり、不動産業界のなかにおける賃貸分野の変化はスピード感を増すばかりです。

昨今はＩＴ化が進み、情報発信の質・量・スピードともすべてにおいてレベルが上がり、最低限の賃貸不動産知識や商品知識、地域情報などはインターネットで得られる時代です。お客様も最低限の知識をインプットした状態で来社されるのが常です。

つまり、知識然り接客レベル然りで、付加価値を感じてもらえる社員、お客様の想像を超えた社員でなければお選びいただけないことになります。

賃貸事業部がこれまで以上に、より多くのお客様からお選びいただくには人材育成に注力すること、ホスピタリティの精神を持ったワンランク上の接客をすること。この2点を日々追求しています。

今後の賃貸事業部のビジョンについては、賃貸店舗「リングライフ賃貸センター」と、賃貸サイト「みつかるーむ」のブランディングを強化し、多店舗展開を加速させることです。まずは弊社の商圏である城南地区の主要駅から関東一円にかけて、半径2キロ圏内に店舗を拡大していきます。

２０２１年までは年間１店舗ペース、２０２２年からは年間2店舗ペースで拡大を図り、向こう5年で10店舗、将来的には１００名体制まで拡大を目指します。

このように店舗を拡大させることで、物件を借りたいお客様のみならず、オーナー様からのご相談を受けられる窓口を拡大し、プロパティマネージメントの分野においても、より一層に体制を整えていきたいと考えています。

また、フランチャイズ展開の準備に入っていくために、弊社のノウハウをマニュアル化していきたいと考えています。

賃貸事業部は、グループ内において最大店舗数を有する部署へと成長させ、真のアンテナショップとして地域の相談窓口になれるよう社員一同で成長して参ります。

自社物件開発・企画の心構え

株式会社リビングライフ・ディベロップメント事業部　事業企画部　兼任　開発部　本部長代理
三村　幸治（56歳）

私は不動産業界に従事して33年となり、バブル崩壊やリーマンショックなど、山あり谷ありの荒波を経験してきました。

リビングライフでお世話になってからも15年が経ちました。

今まで担当してきた事業プロジェクトは１００件を超え、事業規模では1億円前後から大型の事業では80億円を超える規模の事業も手掛けてきましたので、長年の経験と実績の多さは他に引けをとらないと思っております。

私は今の仕事が好きだと公言しており、父親も大工でしたので、建築学科を経て建物を造る仕事に従事できているのが性に合っていたのと、事業主のプロジェクトリーダーとして大きな売上げの事業を手掛けられることに、仕事のやりがいと達成感を感じ取れているからだといえます。他の業界では経験できないような金額を動かし、事業を成功させるところに仕事のだいご味を実感しております。

今までの経験をもとに、私はディベロップメント（開発型事業）部門の土地仕入れから、事業の企画を総合的に管理監督する業務に従事しています。自社物件ブランドの開発を担当しており、新築マンション・リノベーションマンション・大型宅地開発の3事業を柱に、土地仕入れから商品企画・許認可までを手掛けている部門です。

弊社は大田区を中心に神奈川全般、首都圏城南エリアを主な営業エリアとしており、これまでに3000戸超の自社開発した住宅を供給して参りました。

事業をするうえで、立地は最も重要なポイントになりますので、仕入れには注力しております。城南エリアは首都圏でも人気の高い好立地です。それゆえに高値で、大手ディベロッパーが取得に入るため競合が厳しい状況になっています。立地条件が良ければ土地価格は高く、販売価格に跳ね返り、逆に安い立地になると人気が下がり、販売に苦労することになります。この立地と価格のバランスを考慮した土地仕入れを心がけて、日々の業務を行っており、地元エリアで大手ディベロッパーの目が届かない立地を、有力仲介会社と深い関係を築くことにより、相対取引にて取得し、立地と価格のバランスが取れた事業物件を造り続けています。

また新規事業として、収益物件事業では新築ワンルーム1棟売りや、既存収益物件をコンバージョンして売却する事業を手掛けています。仕入物件の価値を最大限に生かすため、ホテル業者と共同で許認可を取得し、売却する事業案件も、ここ3年で3事業を成立させております。大田区は羽田空港を抱える街としてインバウンド需要が伸びており、仕入れした物件の事業性をより高め、ホテル事業が最適な事業スキームとなりました。これまで居住用物件を主業務としてきましたが、弊社の営業エリアの利を生かした、新たな事業展開へと発展させていきたいと考えております。

将来的なビジョンとして、分譲事業を中心としながらも、新規事業の売上比率を伸ばして、事業を展開していく事業部を作っていきます。

10年後には、不動産を取り巻く状況や市況も大きく変わることが予想されます。それに適応した収益構造の確立を実現させる中心的存在になるため、自分のスキルを磨くだけでなく、そのスキルを適切に人に教え、与えることで業績を上げられる人を育て、新たな成長軌道に乗せるキャリアを積ませます。

人材育成を図ることで、強固な組織を作りあげ、200億円（売上ベース）の物件仕入れを安定的に達成できる事業部に成長させていきたいと思っております。

ものづくりの視点からのホスピタリティについて

株式会社リビングライフ・ディベロップメント事業部　建設部　部長代理
赤野　一将（51歳）

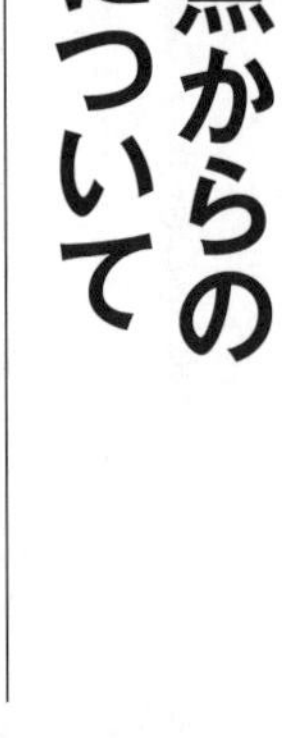

「ものづくりの真ん中に！」これがディベロップメント事業部建設部の掲げているスローガンです。

建設部は、ディベロップメント事業部で行う各事業において、仕入検討段階の工事内容検討・企画検討・工事費の算出、そして物件購入後の企画・設計・施工監理・販売促進用資料の提供・契約済のお客様へのカスタマーサービス、さらにはお引渡し後のアフターサービスに至るまでかかわっています。

中小ディベロッパーの建設部門は、ともすれば仕入営業・販売営業の間に挟まれ、裏方的な見られ方をすることが多いのですが、当社においては、組織づくり・人材づくり・ものづくりをキーワードとして掲げ、建設部はそのものづくりの最先端の部署として、こことんものづくりにこだわることができる環境にあります。

リビングライフのものづくり……これは、常にお客様の立場に立った考え方をすることに尽きます。

これが、弊社が自社開発事業を始めた際の「自分が納得できる商品をお客様にお届けしたい！　自身の良心に誠実でありたい！」という炭谷の思いを実現する、唯一の手段であると考えています。

豪華な装飾、過剰なサービスや施設、高級な設備などは、販売時の広告やモデルルームに来場されたお客様の目を引く効果こそありますが、将来的に管理がしきれなかったり、修繕に多額の費用がかかってしまうことも考えられます。弊社の創業の精神は「住まいから始まる幸せの生涯設計を提案します」であり、モノを売って終わり、という考えはありません。

リビングライフグループには、不動産にかかわるたくさんの立場の専門部署がありますので、検討段階から多くの部署の意見を集め、物件ごとに、本当に必要なサービスや施設・設備を厳選し、物件に採用します。もちろん、最先端のトレンドや技術の情報は常に入手し、採用を検討することも欠かしません。

今では多くの新築マンションで採用されている住設機器の延長保証サービスを、日本で初めて新築マンションの全戸に標準採用し、販売したのは弊社です。また、現在販売中の新築マンションでは、メーカーフリーで照明やエアコンの操作をスマートフォン等から行える、これも新築マンションとしては日本初の配線型ＩＯＴシステムを全戸に標準採用し、お客様からご好評をいただいています。

販売時のみではなく、将来的にお客様から喜んでいただけるサービス・施設・設備を厳選すること、これが「常にお客様の立場に立った考え方をすること」の第一歩です。

ものづくりの最先端である建設部では、高品質なものづくりの指標とし、お客様への引き渡しの前に行う内覧会時の指摘項目の件数と、引き渡し後にいただくお問合せの件数、それも不具合に対するお問合せの件数を減らすことにこだわっています。

施工の各段階で足繁く現場へ赴き、協力業者との連携・信頼関係の構築を大切にし、常にその物件に住まわれるお客様の目線に立ったものづくりをする考え方を共有することで、その物件に携わるすべての作り手に共通の目標ができ、結果として、施工の精度も仕上がりの品質も向上し、内覧時の指摘項目の件数も、入居後の不具合の件数も減らすことができます。

お客様に、お引き渡し時の一番幸せな場面で心から喜んでいただき、その後に生活していくなかでもご満足いただける物件を供給することができます。作り手からすると、これほどうれしいことはありません。

ご購入いただいたお客様はもちろんのこと、設計者や施工者他、当社の物件にかかわるすべての人に満足していただくこと。これがものづくりの視点からのホスピタリティです。

リビングライフグループは、お客様一人ひとりに合わせた生涯サポートをすることができる総合不動産会社です。

そのなかで建設部は、一事業部の建築部門としてのみではなく、グループ全体のお客様のどんなご要望にもお応えできる部署となるべく、グループ内の他事業部建設部門との連携をより強固なものとし、この先もずっと、「ものづくりの真ん中に！」に居続け、「常にお客様の立場に立った考え方」を模索し、自分たちが考え抜き、作り上げたもので、10年後も20年後も、お客様の生涯設計に貢献し続けていきます。

ディベロップメント事業部の営業とは

株式会社リビングライフ・ディベロップメント事業部　営業部　部長
近藤　智紀（36歳）

私は2005年に新卒として入社しました。当時は、新築マンションのみを取り扱うマンション事業部に配属され、最初の仕事はチラシの投函とマニュアルの暗記でした。その後、大型宅地分譲や一棟リノベーションなど販売できる商品が増え、ディベロップメント事業部となりました。

ディベロップメント事業部の面白さと醍醐味は、地図に残る商品を販売していること、ご購入いただいたお客様と一緒に「街」や「マンション」を創り、仕上げていけることです。

我々の部署は、開発・事業企画・建設・営業と4つの異なる部署が、ひとつの「街」を創るという目標に向かって、常に相互連絡を取り合っています。

そのような経験ができるのも、ディベロップメント事業部ならではでないでしょうか。開発が土地を仕入れ、事業企画・建設・営業で企画を考え、建設が物件の施工管理を行い、営業が販売し、グループ会社のリビングコミュニティが物件の維持・管理のお手伝いをしています。

これは自社一貫体制だからこそできることであり、販売して終わりでなく、お引渡し後もお客様との関係が続いていきます。

だからこそ、押し売りではなく「なぜ家を買ったほうが良いのか」「我々の商品はいったいどういうものなのか」ということに、共鳴共感していただいたお客様へご購入いただくことが非常に大切な要素となります。

会議の場でも、炭谷より「お客様のためになるのか」と疑問を投げかけられます。

リビングライフの創業精神は、「住まいから始まる生涯設計を提案します」です。

また、我々ディベロップメント事業部の事業理念は、炭谷が常々口にしている「初めて家を持つ人を応援します」です。

それゆえ、我々がご紹介する物件は豪華絢爛な高価格帯の物件ではなく、一次取得層、つまり初めて住宅をご購入される方が、購入しやすい商品をご提供しています。

また、初めてご購入されるお客様が不安にならないように、「金融知識」や「商品知識」を習得するだけでなく、いかにわかりやすくお客様へお伝えすることができるかが重要となります。

そのために現場ごとはもちろんですが、部署内での研修、グループ内での研修で日々研さんの場を設けています。

くり返しになりますが、我々のミッションは自社分譲のコンセプトを理解して、そのコンセプトをお客様に伝え、そのお客様と一緒にコンセプトを作っていってもらう、つまり、参加者になってもらうことです。

だからこそ参加者になってもらうタイミング、つまり購入するタイミングの前線にいる我々の役割は重要だと認識しています。

しかし、それが我々ディベロッパーとしてのプライドです。

今後も、一人でも多くのお客様に安心していただけるお住まいをご紹介し、そこから得たお客様の言葉を次の企画に生かし、それらをくり返していくことで、我々はさらに高いプライドを持って仕事をしていくことができます。

5年後には課を12課、次長を6人、部長を3人、全体を管理する本部長を1人にしたいと思っています。

そのためには、現在32人いる営業部の6割以上を、課長以上にする必要があり、管理職創出のための人材育成が急務です。

さらに、10年後は24課、次長12人、部長4人、本部長1人を目標とし、東京・神奈川・千葉・埼玉でリビングライフの物件をご紹介していきます。

また、全員が宅建士とFP資格を取得し、各現場責任者が開発部・事業企画部・建設部・マーケティング部と協力し、物件の企画、仕様から販売価格の割り振り、広告費の打合せなど多岐にわたり、プロジェクトリーダーとして物件の立ち上げから完売まで、責任を持って完遂する組織にしていきます。

オーナー様と住む方が共に満足する、住まいづくりへの道

朝日建設株式会社　代表取締役
中川　秀樹（54歳）

朝日建設は、1975年に私の父と叔父が、神奈川県相模原市にて起業し、当時5人の社員で始めた会社です。

創業当時の会社は組織や担当などといったものはなく、誰しもが仕事をとってきて現場の管理を行って、がむしゃらになって仕事をしてきたと後年になり聞き及びました。

そんな父や叔父の姿を見て育った私は、自然と建築の世界を目指し、学校も建築の学部を卒業して、横浜の建設会社にお世話になりました。そこでは建設会社のイロハと、一人の会社員としての立場や想いなどを勉強させていただきました。

そのころの経済情勢は、今でいうバブル景気時代であり、1990年代後半の昭和から平成に変わるときでした。

朝日建設も創業から15年ほどが経過し、売上げ100億円、社員数100名を超える会社へと発展していました。急速に発展していく会社を支えるため、私は1992年、今から27年前に朝日建設へ入社しました。

入社した当初は、経営側といった立場ではなく、一人の現場監督としての仕事を行いました。その当時に感じたことが、前職の会社はそれなりに会社の仕組みが整備されて、組織だって仕事の手順もマニュアル化されており、通常認識されている現場監督の仕事を行っていました。

しかし、当時の朝日建設は現場監督が現場の先頭に立って、自らが建築作業を行っている姿を目の当たりにし、カルチャーショックを受けたのを覚えています。

そんな朝日建設で中間管理職業務を経て、32歳の時に取締役工事部長を任命され、41歳でリビングライフグループに仲間入りした際に、代表取締役社長となりました。

現在の朝日建設は神奈川・東京エリアの賃貸マンション、戸建注文住宅をはじめ、多様な建物の設計・施工を手がけています。「お客様に安心と満足と感動をしていただく」会社を目指し、社員一人ひとりが自ら考え行動することを基本として、今日までやって参りました。

これまで建築してきた、たくさんのお客様から「ありがとう！」という言葉をいただくことがあります。

普通であれば商品を提供し、お金を払っていただいた側が「ありがとうございました！」というのが商売の原則となっているものだと思いますが、朝日建設の会社のお客様には本当にたくさんの「ありがとう！」を言われます。これは、何千万円、何億円といったお金を、信頼して託してくださったお客様の意思に、会社一丸となり社員が応えることができた結果だと自負しており、胸を張って自慢できる一つです。

建設会社として建物の品質はもちろん、「人」の品質も大切にしています。

社員の能力を高め、会社を一つのチームとし、プロフェッショナルの集団となるべく、社員教育や人材形成に力を入れています。その中の一つとして「資格」があります。今日の建設会社においては、資格がなくては仕事が行えない状況になってきております。

私も資格の重要性を諸先輩方から聞き、早期に取得してきました。自分自身の経験からも、資格を取るということはスキルアップになり、知識を得ることにより新たな経験を積むことができ、個々の能力を高めていくことにつながっていきます。

現在は受験資格者には勉強の機会を与え、資格取得にチャレンジさせており、いずれ社員の資格所有率100％を目指しています。

私は会社経営を行っていくうえで、人と人とのつながりを大切に考えています。

お客様・社員・協力会社の方々、そして、その家族の方々のつながりがあってこそ、すべての人々が生きて暮らしていけることができると思っています。

そのためには、社員一人ひとりが、お客様の笑顔のために力を合わせる。それこそがお客様・住む方がともに満足する住まいづくりへの道だと信じています。

今後も、お客様と満足・喜びを分かち合い、生涯のパートナーとして共に歩んで行くために、社員が一丸となって、より精度の高い仕事をしていきたいです。

また、朝日建設はものづくりの会社です。私自身も現場でものづくりをしてきた一人です。その経験を最大に活かして、ものづくりへのプライドと探求心を社員が持ち、全員が少しずつ成長しながら、お客様だけではなく、社員も協力会社さんも幸せを感じられるような会社を目指します。

私は剣道2段の体育会系なので、武士の精神と座右の銘として、「実るほど頭の垂れる稲穂かな」を私なりの経営理念としています。

創業時から大切にしてきた礼節を重んじ、さらに社会に貢献できる会社を目指し、今後の長期経営目標として、10年の間に売上げ200億円、社員数200名を掲げ、リビングライフグループの中で役割を果たし、さらなる発展をしていきたいです。

安心と満足と感動をしていただくために

朝日建設株式会社　専務取締役
山崎　貴夫（59歳）

まず先に、朝日建設について説明させていただきます。

朝日建設は世間でいわれるゼネコンという形態の建設会社です。最初に工事を請負う会社、それが建設会社となります。

建設業には大きく分けて、二つの種別に分かれます。

まず一つは、道路やダムなどを造る土木工事。もう一つは、建物を造る建築工事となり、朝日建設は後者の建物を造る建築工事をメインとした会社です。

「建物」と、ひと言でいっても、用途や構造など、実に多様な建物があります。

用途で言えば、まず先に思い浮かぶのが「家」ではないでしょうか？

家の他にはお店や工場、学校や会社などの建物があり、また、こういったものが複合的になった共同住宅や商業ビルなどがあります。

朝日建設はこういったものの中から、主に重構造体といわれる鉄筋コンクリート（RC）造、鉄骨（S）造の構造体で、中高層（3階から10階建てほど）の建築物を得意としてきました。

特に近年においては、経営戦略上、特殊工法を用いた鉄筋コンクリート造の賃貸マンションを主力として工事を行っています。

朝日建設の賃貸マンションは、従来の工法に比べて高断熱、高気密の造りになっており、そこに住む人たちが快適に過ごせる環境を造り上げています。

また、このように高品質の性能を有した建物造りを行ううえで欠かせないのが、コストの問題です。

お金をかけていいものを造るのなら簡単なことです。朝日建設の賃貸マンションはコスト面でも優れており、鉄筋コンクリートを構築する際に使用される型枠材の代わりに、断熱材を用いることによって、取外しの手間・断熱材の施工・工期の短縮を可能にして、コストの低減を実施することができました。

このように高品質であり低コストのマンション建築を造り上げることが、お客様に朝日建設を選んでいただける要因となっています。

また、弊社の建築は自社設計によるフリープランであり、お客様の所有する土地に合わせてさまざまな条件に対応することが可能です。

こういった一つの主力商品を造り上げることによって、営業の人間は賃貸マンションを希望するお客様と商談すればよくなり、設計者は賃貸マンションのノウハウを研究し、施工者も高い施工技術を身につけることができ、会社としての主軸となり今日に至ってきました。

さらに朝日建設では、建てた後も安心していただけるアフターサービスをご提供するために専属部門を設け、長期にわたってお客様に満足していただける体制を作っております。その一つの部門が賃貸管理部です。お客様に代わってマンション経営のお手伝いをさせていただきます。

また、建物を使用していけば壊れたり、老朽化してしまいます。そういったものを修繕したり、新しく造り直す部門がアフターサービス部となります。

建物が完成し、お引渡しが完了したら終わりではなく、お客様の大切な資産と、快適な暮らしをお守りするため、建物を通して〝ご家族付き合い〟が始まると思っております。

私個人の役割として、10年計画で会社の掲げた目標、部門で掲げた目標、個人で掲げた目標が達成できるようにサポートし、すべての目標が100％達成できることを私の目標とします。

また、「お客様に安心と満足と感動をしていただく」会社を目指し、長期にわたり快適に過ごしていただける建物を造るために、技術社員が精度の高い施工技術を身につけ、安全を優先し、良い建物をご提供して参りました。

そして、社員一人ひとりが仲良くコミュニケーションをとりながら報告・連絡・相談を徹底し、仕事の役割を認識し、若手にも責任感のあるポジションを任せて、各々のモチベーションが上がるように、そしてなにより良い仕事・良い建物ができるように、日々心掛けております。

私自身も現場管理を行ってきた経験を活かし、現場で働く社員の声を聞きながら、アドバイスをし、若い力を育て、さらに強い朝日建設を創っていきたいと思っております。

世代を超えた良質な賃貸マンションの供給

朝日建設株式会社・営業部　部長
佐藤　秀明（51歳）

私は会社に1989年4月1日新入社員として入社しました。入社して30年余り、朝日建設と共に過ごしてきました。

朝日建設に入社したきっかけは、地元の企業に勤めたいと考えており、数社面接に行った中で、一番熱意をもって入社の誘いをいただいた朝日建設に決めました。

私は現在営業部に在籍しておりますが、入社当初から15年間は工事部に在籍して、現場監督の仕事をしていました。建設会社ですから、ものづくりの最前線で仕事をしてきたのは、今の自分の経験のなかで非常に大きなウェイトを占めております。

お客様に満足していただいた建物が完成した時は、一緒に感動し、逆に順調にいかない時は一緒に苦労し、建物の完成まで、家族のような存在でお客様とものづくりを行うことはとてもやりがいのある仕事でした。

時に昨今、建物の施工に対する不信感が、いろいろなところで問題になっているなか、現場を経験してきたことによって、お客様の不安を解消できる知識や経験を持っていることは、最大の自分自身の武器にもなっており、その経験を活かし、営業部の責任者としての仕事を行っております。

営業の仕事を行っているなかで、競合会社、特に大手と競合した場合など、弊社は大手に比べ、ブランド力があまりないなかでも、お客様の信頼を得ることができる、工事における技術力の高さが、安心感となり、受注につながる大きな要因の一つとなっております。

今後、会社の規模を拡大していくなかで、「人材の育成」という問題が大きくウェイトを占めていきます。そのなかで、営業の社員を育成していくには、現場における知識を身につけさせていくことが大事なスキルだと思っております。

「ものづくりの会社において、ものづくりのイロハをきちんと身につけることで、お客様からの信用を得て、受注につなげていくこと」、「値段ではなく、きちんとした商品を提供していく視点をブレずに説明すること」を後輩に対して指導する。これを継続していくことで、長期的にも安定した会社になっていくと考えております。

現在の朝日建設の売上げは100億円近くになっています。この売上金額を10年後には倍の200億円を目標に掲げて営業部員一丸となって尽力していく所存です。

私どもが提供している賃貸マンションは、完成してから何十年とその建物はあり続けます。そのなかで、オーナー様が代替わりをしても、建物のメンテナンスや入居管理など、総合的に安心して維持・管理が行われる建物のご提案を積極的に行い、50年先までも安定した賃貸マンションを供給していきたいと思っております。

また、現在入居されている方々が、将来にご結婚やご出産などのライフスタイルが変化していっても、「朝日建設が建築した建物に入居したい！」と思っていただけるようなマンションの供給をしていきたいです。

「世代を超えた良質な賃貸マンションの供給」をコンセプトとして、今後も進めていき、これからもお客様に喜んでいただける仕事を目標に頑張っていきたいと考えております。

今後の朝日建設

朝日建設株式会社・工事本部　工事部部長
大西　一（47歳）

私は広島県の瀬戸内海に浮かぶ島の片田舎に生まれて、高校までその地で過ごしました。父が注文住宅を建築する大工で、小学校のころから父の手伝いをしてきたこともあり、ゆくゆくは「大工になりたい！」という夢と希望を持ちながら育ってきました。

高校では、建築系の大学に進むため、一生懸命に学業に励み、就職時には首都圏で働きたいと考え、関東の神奈川県の大学に進学しました。4年間の学生生活を経て、就職活動を行い、前代表が広島出身であったことに何かの縁を感じ、朝日建設に入社しました。

私が最初に配属されたのは『工事部』という部署で、主にビル・マンションといった建物を新築工事する現場で、いろいろな管理を行う〝現場監督〟という業務でした。

監督というと、腕組みをして偉そうに職人の作業を監視している楽な仕事のようなイメージですが、当時の朝日建設は、若い監督が職人と一緒になって仕事をする風潮があり、日中は現場で汗を流し、夕方、職人が帰ってから事務処理や図面を書いたりします。しかも製図はCAD(コンピューター)ではなく手書きです、製図板の上で夜な夜な書いては消し、書いては消しの毎日で、ハードな日々を経験しました。

こういった状況でも、自分自身がたくましく成長できた理由のひとつに、当時は100人を超える社員がいて、とてもアットホームな会社であり、厳しい状況に置かれても、さまざまな面で支えてくれる上司や先輩、同僚がたくさんいたことです。そして、それは今でも変わりません。「これが朝日建設の社風なんだなぁ」と感じております。

今でも続いているのが、バーベキュー大会やスポーツ大会、慰労会など、社員をつなげるイベントがたくさん続いています。これからもいといろなイベントに参加し、つながりを大切にしたいと思います。

工事部の係員から始まり、主任・工事長・次長を経験し、現在は私以下35名の工事部員の統括管理を行う部長に任命されております。工事部は会社の中で一番人数も多く、第一線で動いている部署でもあります。お客様より受注した物件を、いかに満足のいく建物に仕上げられるかが、大きなテーマの一つになります。

建物を作るにしても、現場監督の器量や経験が出ます。それを均一化するために何をすべきか？　ということを日々考えています。標準仕様（マニュアル）を改定したり、若手社員の育成を行ったりして、いかに皆が同じような高品質の建物を造ることができるか？　など、良いことは水平展開を即行い、実践で使えるようにしています。

それともう一つ、〝無駄を無くす〟というテーマを掲げ実践しています。

いろいろな場面で無駄はあります。無駄をなくしていけば、時間やお金がもっともっと生まれてくると思います。現場監督は勤務時間が長くなりがちな職業だと思いますが、無駄を省けば時短も不可能なことではありません。

また、工事部は生産部門なのでお金を使う部門です。これも無駄を省けば後々の利益につながります。このようなことを改善・実践していけば、新しい「働き方改革」につながっていくのではないかと考えており、もっと働く環境を整えていきたいと思います。

そして現場監督というのは、お客様に感動していただく建物を造るというのが最大の目標です。

自分自身が携わった建物が完成する、これはかなりの感動です。ものづくりの醍醐味でもあります。厳しい業務の中にも自分で感動しながら、お客様にも感動してもらう。この感動を忘れないで次の仕事へ、次の世代へと引き継いでいくことが重要なことであると考えます。
今は工事部だけでなく、他部署との連携も密にとり、業務がスムーズに進むよう心掛けております。いろんな性格の人がいて会社が形成されています。自分から進んでいける人、自分から進んでいけない人、我慢する人、我慢できない人、社交的な人、そうでない人。いろいろな人がいて会社なんだなぁと思います。今の朝日建設に不必要な人は誰もいません。

「人の和とやる気で作ろう朝日建設」

すべての社員が協力し合い会社を存続させていくことが、最終目的につながると考えます。10年後の令和10年には、受験資格のある者全員、一級建築施工管理技士の取得を目標として、今置かれている自分の職責を全うして業務に励んでいきたいと思います。

ワンストップでお客様への貢献

朝日建設株式会社・工事本部　リニューアル部部長
齋藤　直隆（51歳）

私は、朝日建設株式会社のある相模原市に生まれ、小学校・中学校・高校とも相模原で育ちました。

建設の業界に進んだのは、子どものころから「大工さんになり家を作りたい！」と思っており、高校の文化祭では模擬店の総監督をやってみて、ものづくりの楽しさや達成感にハマってしまい、高校卒業後は東京の小平市にある職業訓練校の短大の建築学部に進学しました。

就職活動では、当時はバブル期でもあり超売り手市場で、スーパーゼネコン等も可能でしたが、やはり地元で活動したく、地域で一番の朝日建設株式会社へ、１９９０年に入社しました。

入社した当時は工事現場の配属となり、仕事も忙しく休みも少なく過酷でしたが、先輩たちの仕事ぶりがカッコよく見え、「自分も早く一人前の現場所長になろう！」と努力し、3年目には一人で現場を持たせてもらいました。

現場監督の仕事は、お客様や設計者の希望や意図を、約30工種もある専門の業者さんとをつなぎ、一つの建物を作り上げていくマネージメントのお仕事です。

うまくいかない時や、工事の遅れを取り戻したりする時はとても苦労しますが、自分が苦労してまとめ上げて完成した時や、引渡しでお客様から喜んでいただけた時の達成感は感無量です。

約　15年間、工事現場で施工管理業務をし、その後は工事部の管理職を経て、現在のリニューアル部・アフターサービス部の業務となりました。

今まで建物を作る側でしたが、今度は不具合を直す仕事となり、クレーム対応や建物の改修の相談や診断などの業務を行っています。

建物のお医者さんのような仕事で、今までよりも、さらにいろいろな知識が必要になり、まだまだ勉強しなければと思っています。

社訓でもありますように、「お客様に安心と満足と感動をしていただく会社を目指します」は、会社内にたくさんの部署がありますが、どの部署・役職・役割にも当てはまる標語です。

現在の私の役割は、安心していただけるアフターサービスをご提供することが非常に重要と考えております。早い対応と正確な診断や丁寧な説明を日々実施していくことが、より良いサービスにつながるのではないでしょうか。

また、それを長期にわたって実施できれば、リピートの受注やリフォーム、リニューアル工事の受注にもつながり、弊社のワンストップのサービスをお客様へ提供できるものと考えております。

今後の目標として、令和10年までに体制を整備し、さらなるアフターサービスの充実とリニューアル工事高を、現状の年間3億円から倍の6億円に増収させたいです。

これからも、より良いアフターサービスを提供できるように、データ管理やお客様とのコミュニケーション向上を心掛け、また後輩の育成・技術者の育成に取り組み、朝日建設株式会社、またリビングライフグループの発展に貢献したいと思います。

人の和とやる気で作ろう朝日建設

朝日建設株式会社・総務部　部長
相澤　宏之（52歳）

世の中では「働き方改革」が施行され、時代は平成から令和へと移り変わりました。こういった時間の移行期に、まずは自分自身について改めて考え、自分はどうして働いているのか？　自分の役割は何なのか？　与えられた使命はどういったことなのか？　をしっかりと考え、新しい未来に向けて、一つ一つを丁寧に実行していきたいと考えます。

現在の私が行っている職務は、管理本部の総務部部長という職責です。

朝日建設の総務は、人事管理・資産管理・会社運営・経営補助といった業務となっております。管理本部には経理部もあり、総務とは非常に関連が深く連携をとりながら運営しています。

日々の業務で多くなるのは、やはり人事に関することです。特に近年、新卒採用に関しては1年がかりのスケジュールとなっており、1年単位で採用～受入れ～研修と、順次繰り返し行っています。

自分自身を振り返ってみると、大学を卒業し、入社した会社が建設会社でした。時代背景はバブル頂点の1989年で、世間からは「新人類」と呼ばれた世代でした。私は文系の学校を卒業していたので、事務系の仕事を希望して会社に入りましたが、景気好調時の建設会社においては技術者不足となっており、施工管理職への転籍を勧められました。

特に専門の学校を出ていたわけではなかったので「自分でいいのかな？」という不安はありましたが、教えてもらえばできない仕事なんてないだろうと思っていたので二つ返事で引き受けました。

施工管理職の仕事をして思ったのは、身体を使う、頭も使う、責任は増えるとなり、普通に考えれば大変だと思われるかもしれませんが、当時の自分にとっては知らなかったいろいろなことを覚えられ、「任せられる責任はやりがいのある仕事！」だと思いました。

約8年従事した施工管理職の仕事は、この後の仕事にも生かされていきます。その一つは、「自らが行動しなければ何事も進まない」ということでした。現場監督、現場の責任者となれば指示、手配をしていかなければ一つも仕事は進みません。指示待ちをしていても建物は完成せず、問題は解決しないのです。

また、現場所長は現場運営上組織の長となります。ここではマネージメント能力が大切なこととなり、お客様・関係官庁・近隣住民・協力会社・自社との関係性で、多様な取り組みが必要となりました。

こういった経験が、今の仕事に生かされているのはすぐに実感できましたし、どんな職種についても、この経験は生かされるであろうと確信しています。

もし、建設系の仕事を目指し、施工職と他の職種で悩んでいる人がいるならば、私は施工管理職を経験することを推薦しています。

朝日建設において現在の職務の特性上、一番に思いが及ぶのは、社員についてです。「社員の幸せを守ること」。それこそが自身の役割であり、使命であると思います。会社は家であり、社員は家族だと唱えると、時として考えが甘くなり、間違った方向に進みかねないといった意見もあります。それでも、私は一緒に働く仲間を大切に思い、互いに助け合う精神が大事だと考えます。

会社は社員みんなのものです。そこで働く人の幸せを考えたときに、やはり会社が幸せになることが社員一人ひとりの幸せにつながってくるものなのです。そのためには社員一丸となって働ける環境、教育を施して、しっかりとした母体を形成していく必要があります。

建設業において、建物の品質管理は重要です。これに並んで弊社では、「人」の品質も大切であると捉えています。

「人の和とやる気で作ろう朝日建設」という会社のスローガンにもあるように、人材形成に力を注いでいくことが必要であると感じます。

自身の力は微力ながら、今までに培った経験を少しでも伝えられれば、これからの人たちの力になれると考えます。その努力を惜しまずに、今後の業務に精進していくことにより、堅実な会社となり、社員が幸せになっていけば、自分自身もきっと幸せになれると信じています。

最後になりますが、会社の目標である10年後の社員２００名を達成するべく、人事担当部署として採用活動に力を入れ、社員が「いつまでも働き続けたい！」と思う会社づくりを目標としていきます。

これからの賃貸管理のあり方

朝日建設株式会社・賃貸管理部　課長
宮内　大介（44歳）

昨今、アパートやマンションの入居者である借手の人口の減少と、選ぶ対象となる物件の増加は、賃貸市場での入居者獲得競争が激化していくことが目に見えている状況です。これまでの賃貸管理市場として、「待っていればいつかは決まる」といった前提がどこかにあったのではと感じています。

しかし、賃貸業界の需給バランスの崩壊によって、「待っている物件は決まらない」という状況となってきます。つまり、空室誘致競争によって「入居率の高い物件」と「入居率の低い物件」という二極化が起こりつつあります。

入居者誘致の競争に勝って、周りのアパートやマンションに空室が目立つなかで満室稼働を実現できているような物件。そんな物件は、そこから発生する家賃収入を活かしてより良いサービスを提供できるように投資を続けることができます。

これらを踏まえ、今後の賃貸管理業界の中で確実に入居者を獲得し生き残っていくには、さまざまな分野における専門知識とノウハウが不可欠です。

不動産管理・賃貸経営を円滑に進めていくためには、賃貸や不動産の知識はもちろんのこと、マーケティング・リーシング（入居者募集）のスキル、滞納督促や明け渡し訴訟などの法務的な知識、原状回復工事や改修工事などの設備や建築に対する知識など、その求められる内容は多岐にわたります。

また、インターネットやアプリの浸透によって、貸主側と借主側における情報の非対称性は薄れつつあります。賃貸市場が借手市場であることを認識もしているため、少しでも好条件の部屋を探そうと、入居者の見る目はより厳しくなっています。

しかしながら、まだまだ業務の効率化に対して本格的に取り組んでいる大家さんや賃貸管理会社は少数のように思えます。このような状況で、いち早く賃貸・不動産業界の変化や外部要因の変化を見抜き、ひと足早く対応を始めることが、これからの人口減少社会における賃貸管理業界で生き残っていくために必要なものであると考えております。

賃貸や売買、投資など目的は異なっても、不動産業界が扱っている商品は1件あたりの取引金額が大きく、お客様にとって大きな決断が必要です。決断の瞬間に立ち会えるため、賃貸物件の管理依頼をいただいた時やオーナー様や入居者様に喜ばれたときは、大きな達成感とやりがいを感じられます。

単純に利益のみを追求するのではなく、オーナー様や入居者様の要望に着実に応え、迅速に対応していくことが何よりも大切なことだと思っております。

今後は年間150~200戸の管理委託を受注し、10年後には管理戸数3000戸を達成できるように日々精進して参ります。

お客様に必要とされる住まいづくりについて

株式会社東横建設・開発本部　取締役本部長
我妻　理（46歳）

「お引渡しをしてからが、お客様との本当のお付き合い」

この言葉を胸に、初めて家を持つご家族に、本当の安心安全な住まいを提供し、住まいのパートナーであり続ける会社にしていきたい、そう私は思い続けてきました。

私は、1996８年入社、リビングライフ新卒第一期生として入社しました。

就職活動は学生時代に宅建の資格を取得していたこともあり、不動産業界に絞って企業探しをしていました。私がリビングライフの就職セミナーを受けた際に、当時は代表である炭谷が自ら壇上に立ち、ブレザーを着て、きりっとした姿で、1人で会社説明をしていました。

「住まいを通じて、あらゆるニーズに応えられる会社をつくることが社会的使命。魅力的な東京・横浜エリアの市場、競争が激しいからこそ、地域ナンバー1企業になることに意味がある」

今では私たちにとって当たり前となっている、生涯サポートの想いを熱弁されていました。

私も、社長の利益至上主義ではない地域を大切にする不動産本来の在り方、お客様を大切にする思いに感銘を受け、入社する決意をしました。

入社して、売買仲介部分である住宅流通事業部へ配属された1年目は、中途社員の先輩たちに埋もれて数字は上がらず、落ち込む日々を過ごしていました。そんななか、ペーパードライバーであった私は運転にも苦労し、お客様をご案内するどころか車をポールにぶつける始末でした。

怒られると覚悟していましたが、炭谷は落ち込んでいた私にこう言いました。

「積極的に行動した結果で起きたことはミスではない。それは人生の糧になるものだ。新入社員でも頑張って成果を出せば公平に評価するから頑張れ！」と。

その言葉が励みになり、私は努力を重ね、2年目には中途社員を押しのけて年間営業コンテストで全体1位を取ることができました。今でも炭谷の言葉と、その経験は、自分の人生で大切な宝物となっています。

それでも、新卒の先輩が1人もいないなかでの住宅流通事業部への配属。自分より先輩は全員いわゆる不動産会社の中途社員ですから、上司への印象もただ「怖いな」という実感しかありませんでした。もちろん営業研修するような教育体制もなく、わからないことは先輩に体当たりで聞いて学ぶ状況で、とても不安だったことを今でも覚えています。不動産業界も当時はまだ発展途上であり、販売物件が本当に安心とは言い切れない建物もたくさんありました。

その経験から、私は「人材教育の大切さ」「本当に安心していただく住まいづくり」について深く考えるようになりました。

それから23年。現在、私は㈱東横建設の責任者としてその想いを実現させています。お客様の住まいに対するすべてのご要望を、ワンストップで解決していく「リビングライフグループの生涯サポート」。賃貸から始まり、住宅の購入・売却・リフォーム・土地の活用・資産運用まで幅広く対応する住まいの生涯パートナー企業を目指しています。

東横建設はその中でも、木造建築部門のプロフェッショナルとして重要な役割を担っています。街づくりの新築戸建分譲事業をメインとし、注文建築事業やリフォーム事業を行い、憧れの人気エリアである東京大田区・品川区を中心とした城南地域・横浜エリアにおいて、〝1人でも多くのお客様へ、夢の一戸建てに住む喜びを感じてほしい〟という想いで事業を行っています。

近年はインターネットが普及し、AI技術の発展は目覚ましいものがあります。そのような環境のなかで、モノと消費者が直接つながる機会が増えてきています。欲しいモノがなんでもインターネットで買うことができる時代になり、不動産においても簡単にスマホで検索して、希望に近い物件を誰でも見つけることができます。とても便利であることには間違いありませんが、だからと言って、住まいを単なるモノと同じように捉えてよいのでしょうか?

私はただ単に、家そのものを売るという物売りの考えでは、お客様へ本当に喜んでいただくことはできないと思っています。私たちは「家という〝モノ〟を提供する」のではなく、「ご家族の〝新しい暮らし〟そのものを提供する。そういう考え方が重要だと考えます。

対面キッチンのあるリビングで笑顔の家族を眺めながらの料理づくり。ベランダから見送る元気いっぱいなお子様の姿。スカイバルコニーでの趣味のガーデニングや家族同士のバーベキューなど、家族の大切なイベントなどを彩る大切なシーンは、住まいと共にあることが多いのではないでしょうか。

これまでの賃貸では実現できなかった憧れの光景。その舞台を作り上げる使命感。お客様が夢にまで描いた理想の暮らしの、一つひとつを社員全員で実現したい。その想いがものづくりの精神として忘れてはいけない重要なことだと私は思います。

私たちのつくる家が、そこに住む家族の新しい暮らしを生み、その生活が新たな幸せを育む。新しい夢のあるライフスタイルを提案するということ。それが私たち東横建設の社会的使命です。

その使命を果たすために重要なことは「人材教育」です。

本当の意味で顧客主義を貫き、お客様目線で多くの声を聞き、そして社員の意見に耳を傾け、具体的に一つひとつの現場に反映させていくことが、私の重要な責務だと肝に銘じております。本当にお客様のことを一番に考えられる人材を育てるための社内環境づくりは重要です。

そのために、社員の話をよく聞き、新しい提案を積極的に取り入れていくことを実践しています。当グループには、若くてやる気のある社員がたくさん在籍しています。お客様のために自由に提案できる環境づくりこそ、社員全員がお客様の視点で考えるという、お客様目線の原点だと思います。

また、プロとしての専門知識に裏付けられた人材に育ってほしいという想いから、各種社員研修も充実させています。グループで取り組む外部研修での異業種交流では、さまざまなビジネスパーソンと意見を交わし、最新のビジネス理論も学びます。

そして、土地仕入れの住宅事業部では〝自分たちの会社は自分たちで運営する〟という目的で運営委員会を実施し、管理職なしで自らさまざまな改善提案・スキル発信を行い、各委員から次世代のリーダーを育成しています。営業トーク研修も運営委員間で行われます。今まで教わる側であった社員が、翌年に堂々と教える側に成長している姿を見ることが、今では私の一番の楽しみになっています。

その他、社内の営業研修や建築プロセス研修、仕入れ業務研修など、入社当時に私が思い描いた研修という成長ステージが、今では当たり前のように行われ、何より社員が主役となり、企業文化として根付かせてくれていることを、とてもうれしく思っています。

これは「社員の成長なくして会社の成長なし」という、代表である炭谷の強い想いがあるからこそ、私も迷わず進めてこられた制度だと実感しています。

そして、次に私が重要だと考えることが、「本当に安心していただく住まいづくり」です。

日本は地震大国です。前震・本震・余震など、数多くの揺れに対応できてこそ、本当の安心な建物といえるのではないでしょうか。２０１６年の熊本地震では震度5以上の地震が18回もあり、全壊と半壊を合わせると3万４０００棟にものぼりました。

東横建設では、W構造で地震に強い建物にこだわり続けています。公的な完了検査の安心だけではなく、耐震等級2と耐震ダンパーを採用した「東横建設のW構造」により本当に安心していただける住まいづくりを実践しています。

また、すべてのお客様に「住まいのカルテ」をお渡ししています。これは、通常2回の建物第三者検査を、あえて5回に増やし、各工程の検査写真を購入いただいたお客様だけに「カルテ」としてお渡しするサービスです。

第三者の検査項目を3工程増やしても、いつでも常に自信をもってお届けできる東横建設の安心・安全な建物。住まいも人と同じで、健康を維持するためのメンテナンス時には内容がわかるカルテが必要です。住まいのカルテは建物の資産価値維持に大いに役立ち、安定的な暮らしの基盤として確かな安心安全を提供します。

さらに、東横建設の「自社一貫体制・セルフプロデュース」システムは、安心安全の建物を建築するための強みとなっています。

東横建設では、確実にお客様へ安心安全で良質な住宅をお届けするために、すべてを自社で行うセルフプロデュースを実践しています。用地仕入れ・企画・設計・施工・アフターを自社一貫体制で行うことにより、お客様の声をより身近にダイレクトに受けとめ、お客様に行き届いたサービスを提供する完全顧客主義を徹底しています。

このような社員一人ひとりの想いが詰まった、安心安全である東横建設の高品質住宅は、今後も大きく飛躍し続けるものと確信しています。

新築分譲住宅事業においては1都3県までエリアを広げ、今後10年で注文住宅も含めて1000棟を目指し、250人の組織体制構築を行い、より多くのお客様に夢のある新しい暮らしを提供し続けていきたいです。

入社してから23年近くたった今でも、私の目には就職セミナーでの炭谷の姿が目に焼き付いています。現在リビングライフグループは、当時炭谷が話していたとおり、いやそれ以上の会社へと成長し、やる気のある若い社員に幅広く成功の機会を与え、お客様に必要とされる永続的な社会貢献度の高い組織体制を構築しています。

この土壌に、これからも社員の成長にとって必要なこと、お客様にとって一番良いことを忘れず、地域に必要とされる会社であり続けるために、私自身も生涯サポートの輪を大きく成長させる努力を続けていこうと思います。

世代と世代をつなぐ用地仕入れ営業という仕事

株式会社東横建設・住宅事業部　執行役員部長
竹中　和広（46歳）

私は28歳のときに、中途採用で株式会社東横建設へ入社しました。もともとは他業界で働いていましたが、お客様の人生に寄り添う仕事をしたいという想いから不動産業界へ、そのなかでも「用地仕入営業」という専門性が高い職種でスペシャリストになりたい、というのが入社の理由でした。

仕入営業としてスタートしてから、今年で17年目です。現在は部長職として部下に用地仕入営業の仕事の面白さ、やりがい、意義などを伝えながら目標達成に向け仕事をしています。

「用地仕入営業」とは、住宅を建てるための土地を仕入れる（購入させていただく）営業です。不動産を「売る」営業ではなく、「買う」営業なのです。土地を売却したい売主様は、一般的には不動産会社へ相談しますので、我々はそういった不動産会社へ土地の売却情報を取得するために毎日訪問します。

つまり、我々の取引先は個人の売主様ではなく不動産会社であり、B to Bの仕事になります。B to Bは関係性を築くまでは難しいのですが、一度でも取引をさせていただければ、あとは「信頼」「信用」が重視される仕事になります。一度きりの取引で終わることはなく、将来にわたって継続してお取引させていただけることが最大の魅力です。

不動産業者から土地の売却情報を取得するためには、第一に東横建設が取引会社として不動産会社から信頼されることが不可欠です。これに関しては、リビングライフグループの一員として、長年地域密着で地道に「お客様のため」に仕事をしてきている実績がありますので、全く問題がありません。余談ですが、私自身17年間この業界に携わると、この我々にとって「当たり前のこと」が他社では当たり前ではないと感じることも多々あります（残念ながら、未だに利益のみを追求する会社や、お客様に誠実に向き合っていないと思わざるを得ない不動産業者もあるということです）。

そして第二に重要なことは、営業マン自身が信頼される必要があるということです。そのためには取引したい不動産業者へ何度も足を運び、自分自身を知ってもらい、先方の担当者のことを知っていく。そうやって少しずつでも信頼関係を築いていくということがとても大切です。ある意味、自分自身が商品になったつもりで、情報を持っている仲介会社の担当に選んでもらう感覚です。仲介会社から貴重な情報を「自分だけに」紹介していただき、無事契約できたときなど、会社と自分自身を信頼していただけた結果だと実感でき、とてもやりがいを感じます。

土地売却の性質上、全く同じ土地はなく売却理由もそれぞれ違いますので、仲介会社に信頼してもらうためにも専門的な知識や経験は不可欠です。売主様が思い入れのある土地を手放すという人生の大きなイベントに立ち会うことを考えると、一つの間違いがあってはいけません。社員には、責任ある仕事をするためにも宅地建物取引士の資格の取得を奨励しています。また、自分自身も常にアンテナを張ってスキルアップできるように仕事に取り組んでいます。

東横建設の事業理念の一つに「安心、安全、資産価値のある住宅を供給する」というものがあります。

私の入社当時は、建売住宅ではデザインなどが重視され、安心安全な住宅のための「構造」（梁の太さや耐震性を増す工法など）に関しては今より軽視されていました。「構造」に費用をかけてもなかなか一般のお客様にはわかりにくいので、その部分には逆にコストをかけずに、見た目でわかりやすいデザインを重視する建築会社が多かったのを覚えています。しかし弊社の炭谷、樋口の、安心・安全な住宅をお客様に提供したいという強い想いから、弊社は創業以来一貫して「構造」を重視し、地震に強い家をコンセプトにしております。

東日本大震災の後から、世間も急速に耐震性などを重視するように変化してきたように感じます。弊社の耐震性の高い建物という評価が購入の決め手になったというお客様の声を聞くにつれ、やっとこのような時代になったかという思いと、炭谷、樋口の先見性の高さを目の当たりにしています。

ただ、そんな安心安全な建物を建設するという想いがあっても、建築する土地がなければ建築できません。我々の部署の仕事（用地仕入）があって、初めてそういった建物をお客様に提供することができるのです。不動産業界はその波及効果から川上の業界ともいわれますが、用地仕入の仕事はそのなかでも一番川上の仕事になります。我々の仕事が同じ業界だけでなく、他業界で働く人の仕事（建築はもちろん、ガス水道電気などのライフライン、銀行、土地家屋調査士、司法書士、引越し屋、家具屋、家電屋、などなど）も発生させているという部分でもやりがいある仕事だと思います。

社内に目を向け、現在の組織体制を考えると、若い社員が圧倒的に多いです。用地仕入営業は「経験値」が取引において重要になるのは否めませんので、個人単位では「若さ」は弱みになります。しかし、リビングライフグループは「初めて家を持つお客様を応援する」という事業理念のもと、若い社員の経験の少なさを、管理職の豊富な経験で補完しています。組織力をもって仕事に取り組めているので「若さ」が逆に強みになっていきます。

今の管理職の経験を若い社員に引継ぎ、若い社員は引き継いだものだけでなく、それに新しい発想で＋αをしていく。そうしてできたサービスがリビングライフグループのホスピタリティの精神である、お客様の創造を超えるサービスになっていくことを信じています。

10年後、今の若い社員が会社の中心になっていくのは間違いないことです。今悩みながらも真剣に仕事に取り組んでいる社員が、それぞれ管理職になって、今度は自分の経験を、後輩たちにどのように引き継いでいくのかを想像するだけでとても楽しみです。

10年後には首都圏で１０００棟の戸建て住宅の供給が目標です。簡単な目標ではありませんが、全員の成長があれば不可能な目標ではありません。

そのためにも、私自身が先頭に立って人材育成と業務改善を行い、社員が自分の家族や友人に、自分の仕事内容や職場を誇れるような会社にしていきたいと思います。

また、10年後も20年後も変わることなく、炭谷の想いの込められた事業理念をしっかりと引き継いでいく責任も感じています。

お客様に喜んでいただくための家づくり、設計部の設計力とは

株式会社 東横建設・設計部　次長代理
菊地　大輔（41歳）

私は20代のときに中途採用で東横建設へ入社しました。入社前は、注文住宅の営業と設計事務所での勤務をしていました。それらの経験を活かし、お客様に喜んでいただくための家づくりがしたいという気持ちでの入社でした。入社後、私の家づくりに対する想いが、炭谷の考えているお客様に対する想いと合致することがわかり、積極的にお客様のためを想う家づくりを行ってきました。

そして東横建設・設計部として心がけていることがあります。

・お客様に安心していただくW構造

建物ごとの構造計算による耐震等級の確保、地震による揺れを軽減させる制振ダンパー

の採用。これらにより建物の根本になる構造部分に安心感をお持ちいただけます。

・お客様にライフスタイルを創造していただくための、選べる間取りづくり

選べる間取りを「創る」のは、いわゆる建売住宅の「作り方」とは違い、新しい家に住まうことで始まる、新しいライフスタイルのきっかけのお手伝いとなります。具体的なアピールポイントを持ったご提案のできる家が、東横建設にはあります。

・お客様に喜んでいただくための、使いやすい気の利いた間取りづくり

一般的な建売住宅では「同じ間取り」「建売で我慢」「大量生産」などというマイナスイメージを抱く傾向が強いといわれます。城南エリアで2000棟を超える実績を持つ弊社では、日々変化するお客様のご要望に合わせて、仕様スペックを創ってきました。最新のトレンドを分析し、仕様決定を行うなど、お客様の目線の向く方向を察知しながら取り組んでいます。また、仲介会社からのヒアリング、ターゲットの絞込みなどをして、的外れにならない計画検討も行っています。

これら一つひとつを実行し、お客様から「喜びの声」がいただけるように、スタッフ一同業務に当たっております。

部署の「設計力」については経験の浅いスタッフが多いなか、毎日のミーティングで行動を共有化すること、成功もミスも大小合わせて共有し合うことで、部署自体の経験を上げています。そして日常業務内で、自然とスタッフ同士で教え合える環境を作り出すことができました。

10年以内の目標として300棟の対応ができる組織作りを行いたいと思います。現在の業務環境を日々改善し作業効率も上げ、そしてお客様の喜びを考える時間を作ること、これこそが私自身の設計者としてのやりがいでもあります。

まだまだ発展途上な部署ではありますが、部署一丸となって目標を目指し、スタッフの設計力の強化・組織の強化を行い、お客様に寄り添える設計部へと進化していきます。

アフターメンテナンスから得られた施工品質向上の鍵、現場の安全意識改善中

リビング建設株式会社・工事課　次長
橋本　健一（47歳）

私がこの会社に入社したのは17年前。まだ、東横建設に現場監督の業務を担う部署がなく、専任では初の登用でした。当時の建築現場の状況といえば、外見こそキレイに整えるも、見えないところに配慮が行き届いておらず、工程が常に遅延していました。

また、私が入社してしばらくの業務は、建築現場の監理ではなく、お客様からのお問合せに対応するアフターメンテナンスが多かったと記憶しています。案件の数もさることながら、その内容も多様で、お客様からはその都度厳しいお叱りをいただきました。

私は外見上タフに見られがちですが、さすがにお客様からの厳しい声は精神的に堪え、当時は仕事を辞めて、その状況から逃れたい一心でした。そんな下向きな精神状態であった自分に、友人がくれた良きアドバイスが今の自分を形成してくれました。

「アフターメンテナンスにしっかり向き合うことが、建物の品質を上げる会社が成長するチャンスなんだよ。君以上に、住まうお客様は困っているはず。考え方を切り替え、今の状況を自身の力で変えてみなさい」と。

それからの私は、原因の追究を職人・業者任せにせず、自身が「見て・聞いて・調べて」判断することを習慣にし、同じことをくり返さないよう、施工指導を実施していく環境を整えていきました。その後、こうした考えに賛同してくれる同僚、部下や協力業者さんの支えがあって、最近の弊社の建物品質は大きく様変わりをしています。

また、役所の検査とは別に、自主チェックシートの活用、第三者検査機関の５回検査実施など、外見的な仕上がりのみならず、中身の伴った建物づくりを意識しています。

弊社は10年前から24時間３６５日受付可能なカスタマーセンターを創設して、お客様からの問合せや起こってしまった事象をすべて管理・記録し、その内容を定期的に解析し、現在の施工に致命的な不備はないかの確認業務を行っています。

何よりもお客様からの声を財産と捉えて、施工品質の向上に務めていくのが私の、この部署の役割とし、さらなる施工品質向上に努めていきます。

そもそも、この会社の始まりは30年前を遡る炭谷の、お客様に自信を持って紹介できる戸建仲介物件が少なく、それなら自分たちで作り上げよう……という想いだと聞いております。

まだまだ課題はありますが、最近は当時の社長の思いに少しずつですが近づいているのではと思います。これから10年後は木造建築、リフォーム工事のさらなるプロフェッショナル集団となり、建築取扱高30億円を目指して着実なる成長を遂げていきます。

土地の資産活用を通じた社会貢献事業を目指して

株式会社リビングセンター・パーキング事業部　次長代理
内田　貞治（42歳）

私が前職のコインパーキング会社に入社したのは23歳のときでした。まだまだ街の中はコインパーキングというより公共施設の敷地内に多いというイメージで、路上駐車をするドライバーも多かったのではないでしょうか。バブル景気が終わり、地価が下落した土地の暫定利用として世の中にコインパーキングが増えました。現在では、社会に欠かせないものとなり、渋滞、交通事故も減少したと思われます。

２０１１年34歳でリビングライフに転職しました。正直言って、コインパーキングの事業規模が小さすぎる、管理台数が少なすぎるというイメージを持ちました。

当時炭谷は、１件でも多く契約、私は１台でも多く契約というスタイルでした。提案書類の打合せ時に衝突し、資料を全部破り捨てたこともありましたが、今では逆に炭谷から

「台数!! 台数!!」と言われて正直困惑しております。「1万台突破」「必ずできる」との炭谷の言葉・想いに少しでも社員一同近づけるよう日々努力をしております。

私たちの事業は、空地・空駐車場の一括借上げ「遊んでいる土地」の運用を展開するコインパーキング・時間貸バイク・時間貸自転車事業になります。オーナー様の土地をコインパーキングとして活用することは、投資を抑えて安定的な収入を得ることのできる活用方法です。

「土地の有効活用を考えているが資金がない」「毎週・毎月の集金が面倒」「最近、月極駐車場の空きが増えてきた」といった、オーナー様の抱えるさまざまな問題を私たちが解決します。

私たちの駐車場経営は一括借上げ方式になるため、オーナー様は土地をお貸ししていただくだけです。運営管理の手間もなく、駐車場の設計・施工から集金、清掃、運営管理まですべて弊社が対応します。オーナー様には、毎月一定の賃料をお支払いし、利用されるお客様には安心安全にご活用いただけるよう、最適なご提案をさせていただきます。

「コインパーキングビジネス」は、オーナー様にとって安定した資産運用事業であるだけでなく、違法駐車や交通渋滞といった問題を解決し、快適な住環境の形成に貢献できる、大変意義のある事業と考えます。

だからこそ、東京近郊に住まわれる、一人でも多くのお客様の幸せのために、より有効な土地活用をご提案し、お客様から末永くお付き合いしていただける企業を目指して参ります。

また駐車場管理においては、オーナー様への報告、連絡、相談を絶やさず、しっかりフォローさせていただきます。

さらに私たち社員が常に心掛けていることは、「お客様が気持ちよく利用しやすい駐車場を作る」ことです。区画レイアウトはもちろんのこと、トラブル対応や降雪時の除雪作業などを迅速に対応し、お客様に安全に安心にご利用していただきます。

最近では、ロック板のない駐車場、料金前払い式の駐車場なども多く取り入れて、現場の状況を考えた駐車場づくりをしております。さらにカーシエリング事業も模索しております。

３６５日、24時間コールセンター・警備会社と連携をしておりますが、私たちは営業課以外に管理業務課という部署があります。

工事・メンテナンス・故障修理対応・売上金管理・集金業務・清掃業務などを他社とは違い、すべて自分たちで運営・管理する強みを持っております。それがオーナー様にも有益なのは言うまでもありません。

さらに令和時代がスタートし、将来的なビジョンとして、現在は1都3県でのコインパーキング、時間貸バイク、時間貸自転車の用地開発が中心ではありますが、私自身、2015年~2024年の10年間で、目標管理台数1万台を突破するという目標を掲げております。

今の新卒社員をはじめ、20代・30代の若手社員が、将来は会社の中心的役割を果たすことができる人材に成長できるように、さらなる飛躍ができるように、体制をしっかり整え、近い将来、私たちのコインパーキング「リビングパーク」ブランドを、関東圏以外への進出ができる体制を作り上げていかなくてはなりません。

現在は、若手を中心とした少数精鋭で、部署の雰囲気も良く、明るくコミュニケーションがしっかりとれる、面倒見が良い、やるときはしっかりやる、そんな社員が多いと私自身感じております。これからも、そんな環境を維持していきたいと思います。体育会系の私からすると多少おとなしい感じもしますが、まじめに仕事に取り組んでいるのは間違いありません。


常にお客様を思う心を持ち続け、新しいサービスを提供し、情報を共有し、オーナー様はもちろん、お客様の未来につながる仕事、必ず満足いただける駐車場・駐輪場作りのお手伝いができればと思っております。

リビングライフグループのなかでは比較的新しい事業部ではありますが、「安心・安全・整備・美化」な駐車場を提供するよう日々努力を積み重ねていく所存でございます。

資産管理と運用について（賃貸管理の仕事内容とやりがいについて）

株式会社リビングセンター・カスタマーサポート課　課長
羽鳥　章（44歳）

私は2007年4月に、中途採用で賃貸の仲介営業として入社しました。それまで10年ほど飲食業界におり不動産は未経験でしたが、結婚を機に転職を決意しました。入社して半年ほどで賃貸管理の部署に異動となり、12年ほど賃貸管理の業務を行っています。

賃貸管理は、土地や建物を持っているオーナー様から管理を受託するところから始まります。業務内容は、主に管理受託業・新規契約業務・契約更新業務・家賃等の入出金管理・クレームや問い合わせ対応・解約業務となります。

賃貸管理の業務は、とにかくたくさんのオーナー様や入居者様とかかわりながら業務を行っていかなければなりません。当然、問い合わせ数や書類作成量も管理している部屋数に比例して多くなり、かかわるオーナー様や入居者様の数は増えます。賃貸管理業務は、正確性は当然のことながら、処理スピードも重要です。処理スピードが遅いと、日々発生する問題の解決や書類作成に追われてしまいます。

そんな忙しいなかでも私たちが常に心掛けていることは、賃貸管理業務を通して建物や土地のオーナー様や入居者様と信頼関係を築くことを意識しています。私はこの信頼関係を築くことこそが、私たちの一番の仕事であり、やりがいであると考えています。

オーナー様や入居者様から信頼を得ることができれば、オーナー様からは外壁工事等の大規模なリフォームや建替え、建物や土地の売却等のご相談をいただいたり、入居者様からは戸建やマンションの購入、親族や知人の紹介等をいただくことも増えてくるはずです。そのようなご相談やご紹介があって、初めてグループの強みを発揮できると考えています。

リビンググライフグループは、不動産のことであればワンストップでご相談に乗れるところが強みです。弊社にて賃貸管理をしているマンションの建替えや売却、住宅流通事業部を通して戸建てを購入したお客様が、その戸建てを賃貸で運用をし、新しい戸建てを購入するなど、グループ内でお客様のご相談やお悩みをすべて完結させることができます。

近い将来、グループ会社である朝日建設の賃貸管理部をリビングセンターのカスタマーサポート課を統合して新しい会社とし、より質の高い管理をオーナー様へ提供できる環境を整えていきます。

そして10年後の2029年には、管理戸数を2000戸以上にし、業務内容ごとの課を編成していき、20人以上の部署にしたいと思います。さらにその先には、オーナー様からの専門的な相談を受ける部署を立ち上げて、不動産の相談窓口としての役割を担っていきたいと思います。

そのためには、人材の確保と教育、管理戸数の増大が必要不可欠になりますので、人材の確保と教育に注力していきます。

これからもリビングセンターという炭谷が立ち上げた2つのアットホームな会社の良さをなくさないように、炭谷の部下への思いやりの精神を忘れずに組織体制の整備に取り組んでいきます。

自社分譲物件のマンション管理について

株式会社リビングコミュニティ・マンション管理部　次長代理
間部　憲重（49歳）

リビングコミュニティは、リビングライフの分譲したマンションに暮らすお客様が快適に安心してお住まいいただける環境づくりをホスピタリティ豊かなサービスでお手伝いしています。

私は前職からマンション管理会社に勤務していました。前職ではフロントとしてマンション管理組合の運営をサポートしながら、人材の育成に努めていました。

私がリビングコミュニティに入社を決めたのは、リビングライフグループの社是である「社員の成長なくして会社の成長なし」に感銘を覚え、炭谷の人を育てることへの強い想いに触れることができたからです。

これまでのマンション管理会社での経験を活かしながら、「住まいから始まる幸せの生涯設計」に貢献できるようになることが、管理品質の向上につながり、自らの成長に直結すると思えたことも大きな理由です。

マンションはひとつの建物を共同で所有し、界壁を隔てて共同生活を営んでいるため、マンション特有の問題が生じます。そのような時私たちは、リビングライフグループのお客様一人ひとりに寄り添いながら、マンションがお客様ご家族にとって幸せな場所でなければならないとの想いに立ち、常にマンションに暮らすお客様の目線で問題や課題を発見し、管理組合が要望する解決策の提案に努めています。

私たちは、マンション管理の専門家として適切な行動と提案を行うためには、一人ひとりがリビングライフグループの創業の精神を正しく理解し、自らの成すべきことを見い出し、改善を重ね、成果を出せる組織に成長することが必要だと考えています。

リビングライフの分譲するマンションでは、企画の段階から会議に参加できるため、マンションのコンセプトやデザイン、設備仕様などの情報を事前に把握することができます。マンションへお住まいになるお客様をイメージしながら、時には修繕費用や保守費用がかさんでしまうことが想定される管理方法や、運用に支障を来す可能性のある施設や設備など、快適なマンション生活に影響のありそうな事柄については、管理会社の立場で意見を挙げ、お客様がお住まいになる前から、お客様の幸せな生活を実現するためのサポートができる環境が整っています。

また、リビングライフの分譲する一棟まるごとリノベーションマンション（リリファシリーズ）は、既存の設備を継続使用していたり、新品に交換していたりとさまざまですが、建物・設備調査診断の結果など、現在の建物状況についての情報共有が図られているため、お客様へ提供する長期修繕計画書、および資金計画などの品質向上につながっています。

共同住宅であるマンションにはさまざまな意見や考えが存在します。その多くが快適なマンション生活を実現するために提示、発信されています。

これからも、お客様の声に耳を傾ける姿勢を忘れず、身近に感じていただける、顔の見える管理、居住者様を笑顔にする管理を実現していきたいです。

また、今後はリビングライフが分譲したマンションの居住者様だけでなく、多くの管理組合にリビングコミュニティのマンション管理サービスを広げたいと思います。

10年後には、管理物件を200棟1万戸まで増やしていきたいです。

現在のライフサポート課を、マンションの立地や規模、築年数、組合運営の難易度等別のチームをつくり、管理サービスに特徴を持たせたり、業務課も組合会計課と分離し、より品質の高いサービスを提供できるようにします。

また、ビルメンテナンス課も建築系と設備系、保守点検や日常修繕工事とを区分けして、それぞれの専門性を高めることで管理サービスの向上に努めていきたいと思います。

将来にわたって信頼される会社であること

株式会社リビングライフ・契約管理部　課長
樫原　孝佳（63歳）

株式会社リビングライフ・契約管理部　課長
松平　則彦（58歳）

私が入社面接のために当社へ訪問したのは、アセット事業部での募集でした。その当時は管理部ローン課の組織体制見直しの時期と重なったことにより、私の銀行経験を買われ、住宅流通事業部管理部ローン課への配属となりました。今から10年以上前の話です。

当時は年に数回、営業部社員と意見が対立することもありました。しかし、地道にコンプライアンスを守り続けていくなか、営業部との信頼関係も構築され、どんどん仕事がやりやすくなっていったことを覚えています。

管理部ローン課所属時に、私がとりわけ心がけていたことは金融機関からの信頼を獲得することです。その信頼を元にお客様に高い内定率をもたらすことと、弊社独自のプレミア金利などを銀行に用意してもらい他社との差別化を図ることでした。

たびたび銀行にも足を運び、ローンセンター長との意見交換や、住宅金融支援機構営業推進部職員さんとの意見交換を積極的に行いました。そこで私がやってきたことは単純です。

①不正はしない
②お客様や物件の資料は正確に提出する
③各案件の中身を把握し、金融機関からの質問には迅速・正確に回答する

お蔭様で民間金融機関や住宅金融支援機構（フラット）から感謝状をいただけるまでに信用を獲得することができました。このことは私自身の自信にもつながりましたが、リビングライフグループにおいても金融機関や、とりわけお客様から信用していただき、支持される要因の一部になっていると自負しています。

契約管理部の責任者となってからは、さらに契約ごと（重要事項説明）において、将来に禍根を残すようなことが一切ないようにするのが最大の使命と考えています。10年後、

20年後に売却する際、リビングライフに頼めば「安心」と思っていただけることが重要です。

今後、弊社が存続し続けることがお客様への恩返しになり、将来の安心にもつながると思っています。入り口で契約の安全性を確保しつつ、出口でお客様に最適な住宅ローンをご用意し、付帯サービスにより火災保険等のお手伝いをしていく。生涯サポートの一環として住宅ローンの借り換え相談や、セミナー等のサービスを充実させていきたいと思います。

令和10年までには、契約および金融サービスの環境も大きく変化するものと考えます。当部署においても、営業店舗数の増加に対応すべく、タブレット型の住宅ローン審査、IT重説実施に向けた体制整備や効率的な人員配置とIT環境に対応できる人材の育成に尽力し、契約課・ローン課の全体を合わせ20名体制とするとともに、現在弊社には法務部がありませんので、契約管理部が法務部設立の際に礎（いしずえ）になるような人材の育成も進めて参りたいと考えています。

世代を超えてお客様に喜ばれるための企画提案と会社づくり

株式会社リビングライフ・マーケティング部　次長代理
森田　操（41歳）

私は新卒で都内の不動産会社に入社し、不動産広告部門に配属されました。
当時、その会社は高い売上があり、業界でも一目置かれていました。顧客も富裕層や芸能人が多く、取り扱う物件も８０００万円以上は普通で、億超えの物件の取り扱いも多くありました。
営業の人たちは高いスーツに有名ブランドの腕時計を身に着け、夜は毎晩のようにタクシーで都心の有名店へ食事に連れて行ってもらい、いわゆる一般の人たちが想像する派手な不動産会社でした。
社員同士の仲が良く、職場の居心地は良かったのですが、暗黙で自主性が禁じられ、先の人生に疑問を感じていました。その会社に2年半勤務したころ、リビングライフへ先に転職していた先輩から、「広告部門を立ち上げるから来ないか」と声をかけられ転職を決意しました。

リビングライフに入社してまず感じたのは「なんて地味な会社なんだ！」ということでした。派手な広告はやらず、販売している物件単価も前の会社の約半分。飲み会も会社近くの地元のお店です。

そして、何よりも社長が作業服を着て、社員と気さくにしゃべっている。何もかもが前の会社とは違っていました。

でも、私は気づきました。すべては代表の炭谷が考える「初めて家を持つお客様を応援する」ということにつながっていると。

初めて住宅購入をするお客様に、無理のない支払いで購入できる価格の物件をご提供するため、物件は4000万円台が中心です。地域に密着するため、CMなどの派手な広告よりも、看板や商圏内を走るバス、駅構内の広告をメインに行う。

そして、その考えを直接社員に伝えるため、社員とのコミュニケーションを大切にしている。すべてが一貫していて、しかもそれを継続して行っています。

決して派手ではありませんが、実直で堅実な会社なのです。

私の重要な仕事は、物件という商品を宣伝すると同時に、この素晴らしい会社の魅力をどうやってお客様にお伝えするかということです。

マーケティング部のメイン業務は、住宅を購入、または売却したいお客様の集客とリビングライフグループ全体の広報です。

私が入社した当初は、売買仲介部門で住宅を購入したいお客様を集客することのみを専門にしていましたが、そこからホームページの立ち上げや自社分譲物件の企画提案と集客、そしてリビングライフグループ全体の広報と徐々に業務領域を広げてきました。

そのように能力を認めていただき、チャンスを広げてくださる会社にいることを誇りに感じています。そして、新たな業務への取組みや日々のさまざまな課題を解決するにあたり、部署全体が常に成長している実感があります。

マーケティング部のメンバーは、元広告代理店勤務をはじめ、元インターネット関連会社勤務、元不動産営業、新卒から成り、それぞれが各々の専門分野の知識を活かして、日々面白いアイデアを出したり、集客の細かい分析や改善案の提案を行ったりと、チームワークよく動いています。

情報収集と知識の向上には特に力を入れており、毎週役員の集まる会議で他社動向の共有や新規事業の提案を行ったり、ＷＥＢ関連セミナーへの参加、宅地建物取引士やマーケティング・広報関連の資格を取得しています。これからも会社の頭脳として必要とされるよう、さらに成長していきます。

今から10年後の令和10年までの私のビジョンは、過去のご契約者様に向けたサービス作りと、経営戦略室の立ち上げです。

これは今現在取り組み中ですが、過去1万7000組のご契約者様に向けたアフターサイトを2020年1月にオープンする予定です。

ご購入いただいた数年後に出てくる建物のメンテナンスや、ご家族のライフスタイルの変化に伴うリフォーム。そして金銭面での感化に伴うお金の勉強会など、多くお客様の「困った」を解決し、快適に不安なく一生を過ごしていただくための重要なサービスです。

このサービスを軌道に乗せ、人員を確保し、新たな専門部署の立ち上げまでを、責任を持って実行します。

炭谷のビジョンに基づいた事業展開で、ワンストップ体制はすでにでき上がりました。今後はそれらをどのように組み合わせ、新しい事業を作っていくのか。これは次世代の社員の力量にかかっていると思います。私は、その中の一人だと認識しています。

リビングライフには多くの事業分野がありますが、それぞれの部署に属している人たちはその道のプロです。何か質問をすると、倍以上の答えが返ってきます。さまざまな知識や資格を持つ社員が集結したものすごい頭脳集団なのです。それらをどう組み合わせ、物件にどう生かすのか、既存の事業をどう改善できるのか、どのような新規事業ができるのか、その提案力が私たちマーケティング部に問われています。それを確実に実行に移し、利益を出し、会社を存続させるための経営戦略室を、私の手で立ち上げたいと考えています。

近ごろ、「他の不動産屋さんに相談したが、うちでは対応できないからリビングライフさんに相談してはどうでしょう、と勧められて言われて問い合わせしました」というお客様からの連絡が入って来るようになりました。

地域全体の「困った」を解決する、「最後の砦」としての未来を作っていかなければならないと、改めて気が引き締まる思いの日々です。

何世代にもわたってお付き合いいただける会社づくり。そして「地元にリビングライフがあってよかった！」「リビングライフが近くにあるからこのエリアに住みたい！」と頼りにしていただけるよう、これからもサービスの構築と、そのための情報収集・知識の向上に努めて参ります。

会社・社員の安全、安心、成長を支える

株式会社リビングライフ・企画経理部　取締役本部長
石川　正（51歳）

会計事務所に勤務しながら税理士を目指していた私が、リビングライフに入社したのは19年前の2000年になります。当時のリビングライフグループは主要企業3社、社員数100名弱、グループ売上高も33億円ほどの中小企業でした。

私がリビングライフへ入社を決意したのは、炭谷の不動産に対するこだわりです。人を信用し、「不動産に関する仕事しかしない！」という経営方針に感銘を受けたからです。お客様のためになることであれば何でも取り組む姿勢に共感し、また、将来性を感じました。

足掛け10年になる会計事務所での勤務で身につけた税務会計・労務・会社法務などの知識と経験を生かし、会社の成長に貢献する。また、会計事務所では経験できなかった資金

繰り・資金調達といった財務業務に携わり、自身のスキルアップをはかることができることも魅力の一つでした。

入社後は期待に応えるべく、精一杯業務に取り組みました。リーマンショックも全社員が一丸となり、取引金融機関などの支援を受けながら乗り越えました。現在のリビングライフグループは主要企業6社、社員・パート含め総勢520名超、グループ売上高220億円超の企業体へと成長しています。

現在の私は、入社より携わっている専門分野の経理部だけでなく、総務部の責任者も任されておりますので、それぞれの部門についての考え方や取組みをまとめてみました。

●経理部門について

社内的にも社外的にも、信用が最も重要な部門です。その信用創造のためにはミスのないのが当たり前、100点で当たり前の仕事を常にこなさなくてはなりません。神経を使う業務ではありますが、判断を間違えなければ誰でも同じ答えの出る仕事でもあります。ですから今後AIが発達すれば、なくなる仕事の筆頭のように扱われているのが経理業務です。

しかし、企業経営にとって重要な財務諸表を作成する、必要不可欠な部門でもあります。

会社にとって必要不可欠な部門の、必要不可欠な人材となるためには何が必要なのか？

それは決算業務を最終目的とした過去会計だけでなく、経営分析や中長期の事業計画策定などの「未来会計業務」ができる専門知識と経験だと考えます。

ミスをしないだけではなく中長期の計画など、少しでも先のことを考えながら仕事を進めることが、継続的に会社の安心を支えることになるからです。また、そのような人材を育成することが私の責任です。

●財務部門について

会社の血液である資金を潤滑に循環させる財務業務は、会社運営上の要であり、またプロジェクトを遂行するうえでは資金調達が欠かせません。日々、入出金の管理を行い、未来予測を立て、資金不足の起こらないようにすることは当然の業務であり、物件購入にあたっては金融機関からの融資が必須となります。

融資を取付けるためには、金融機関にプロジェクト内容をご理解していただき、賛同してもらい、「共同事業として支援したい！」と考えていただけるようなプレゼンテーションが重要です。ですから大型プロジェクトに関しては、仕入部門の責任者同席のうえ交渉に当たることもあります。

また、現在のように金融環境が良い時期だけでなく、リーマンショック時のような最悪の金融環境においても、必要な資金調達のできる信頼関係を取引金融機関と構築しておくことが重要です。

そのために定期的な金融機関への月次資料提出、決算報告だけに留まらず、金融機関が主催するイベントやビジネス交流会にも積極的に参加しております。

また、新規の取組み、将来の方向性の報告なども綿密に行っており、日ごろからリビングライフグループの活動のへの理解を深めていただけるよう努めております。

現在、取引金融機関は30行以上になりますが、それぞれの金融機関とより堅固な関係の構築にいそしんでおります。

●労務部門について

給与計算、歩合計算、社会保険手続など、社員の方々により近い距離で業務を行っているのが労務課です。給与担当者は一人で３５０人超（パート社員も含めると５２０人超）の処理を行っています。

しかし、給与支給を受ける社員はそれぞれ一人です。担当者の一つのミスは５００分の1ですが、給与支給を受ける社員側からすると1分の1のミスです。ですから、どの業務よりも神経を使う仕事です。そして、期日厳守が絶対の仕事でもあります。給与遅配を起こせば、会社にとって致命傷です。そんな神経をすり減らす業務を毎月行い、会社の安心を支えているのが労務課です。働き方改革が推進されている昨今、労務管理が会社にとっても重要課題となっております。

今後は、毎月のルーティーン業務を正確にこなすだけでなく、企業運営に重要な労務分析資料の作成が重要な業務となります。そのためには業務改善につながる建設的な提案、資料作成のできる社員育成を進めて参ります。

●総務業務について

全社員が100％満足する労働環境・労働条件・福利厚生を備えることは難しいと思いますが、大多数の社員が大部分に満足する環境、条件を整えることはできますし、整備する必要があると考えます。

そのためにはさまざまな部署や役職の社員との対話を大切にし、率直な意見を業務改善に取り入れなければと実践しています。

2018年は、社員の健康作りを積極的にサポートする企業に与えられる〝健康優良企業の銀賞認定〟を受け、現在は金賞の認定に向けて取り組み中です。

また２０１９年９月においては、社員たちが迎える老後の資産形成の一助となるよう、確定拠出年金制度の導入も始まりました。女性の働きやすい環境、制度作りも進めてまいりましたが、今後は子育てサポート企業の認定である「くるみん」取得にも取組みたいと考えております。

そして、社是である「社員の成長なくして会社の成長なし」を体現すべく、新卒社員の研修制度のみならず、既存社員の成長に必要な研修制度も充実させ、すべての社員が成長できる環境づくりを進めております。

何より企業の発展成長に欠かせない優秀な人材の採用に力を入れております。上場企業と比較すれば、まだまだ労働条件・労働環境・福利厚生面で劣っていると思いますが、その分、伸び代はたっぷりあります。

ですから、「自分も成長し、会社を成長させたい！」という強い気持ちがあり、リーダーシップのとれる〝鶏口となるも牛後となるなかれ〟といった気概のある人材を採用したいと考えております。

今後は、どれほどＡＩが発達しても、代えのきかないスペシャリストを育成し、先々は経理・総務部門の仕事なら、何でもできるゼネラリストに育てたいと考えております。

10年後の2029年までに、私とともに管理部門の責任者として会社を支える部次長を育成し、管理部門の底上げを図り、より強固な少数精鋭体制をつくり上げます。

何よりも「リビングライフグループが好きで働いている！」という社員を一人でも増やすべく、安全・安心・将来性を支えながら、制度・環境・組織作りを進めて参ります。

最後に、炭谷は「社員同士が仲良くないと会社は良くならない」とよく仰っておりますが、私もそのとおりとであると思います。私自身、「和して同ぜず」を座右の銘として、良好な関係構築を大切にしてまいりました。引き続き社内外を問わず、良好な関係構築を進めて参ります。

従業員満足度の向上

株式会社リビングライフ・企画総務部　次長
中里　泰孝（54歳）

私はリビングライフの住宅流通事業部業務部（契約書面作成・重要事項説明）を希望して、２００４年に契約課にて採用され入社しました。

不動産バブル崩壊後、まだまだ不動産業界は非常に苦しい時ではありましたが、リビングライフの担当事業部の契約数が多いことに驚かされた記憶があります。

当時の契約書面は現在使用しているものとは異なり、法的には問題ありませんが、お客様に知っていただきたい重要なことの記載がありませんでした。

お客様に、より満足していただくためには、不動産購入に伴う重要なことを正確にわかりやすく説明することだと思い、重要事項の書面を改定したり、不動産調査を充実させました。

一度の改定に留まらず、何度も何度もより良い契約を求めて改定を重ねてまいりました。入社時と比較しても、お客様の満足度は向上した自負はありますが、逆に、お客様のご契約希望時間に合わせるためたびたび深夜に至るまで業務を行う部員の満足度の低下をいかにして防止すれば良いのかと苦慮しました。

このときは契約課の業務時間が、他課と比べて突出していたことを、各課に理解を求めて業務振分けを実施しました。

そして、関連する他課も契約を行うなどして業務時間を平準化させることで、各課の協調性は向上し満足度の低下は防止できました。ただし、満足度が向上しているとは感じられませんでした。

２０１５年に企画総務部に異動し、さまざまな部署との関連を持つことにより、契約管理部で感じたような従業員の満足度が、会社の発展に重要であることを強く認識しました。

従業員の満足度が高ければ「お客様のためを思う気持ち」はより大きくなり、お客様が満足していただければ、これは「会社のためである」ことだと確信しております。

意欲的に仕事に打ち込んでもらうためにはどうしたらよいのか……労働条件面（給与を上げる・休日を増やす・残業を減らす等）の改善も必要であることは認識しておりますが、会社の理念「会社と共に実現する気持ちがあり、そして共に進んでいるか」が重要であると考えています。

これだけで満足度が向上するとは思っていませんが、この実現を会社と従業員が共に目指すことで、上司と部下、同僚同士など、さまざまな人間環境がスムーズとなり、風通しの良い環境が整うのではないかと考察します。

この環境ができれば、リビングライフのスローガン「お客様に感動を、従業員に笑顔を」が、より高度な位置で実現できるのではないでしょうか。

これからの企画総務部は、グループの全従業員が毎日ワクワクしながら仕事ができる環境を常に考えて、一歩一歩着実に前進して参ります。そのためには、企画総務部の一人ひとりは専門的な知識を身に付けた専門業務のプロであること、さらには他課の業務にも精通した総務のプロフェッショナルである人材となることを目指していかなければなりません。

また、新たな提案や改善改革を行いやすくするために、一人ひとりが意見を述べやすい風通しの良い環境をつくり続けて参ります。

そして10年後には会社と従業員とその家族の三者が幸せで満足できる生活を送ることができるよう、我々が主体となり新たな文化を創ります。

CSR活動

街中清掃活動

健康企業宣言
ラジオ体操

2018.6.30
がん患者さんやそのご家族を支援し、地域全体でがんと向き合い、がん征圧をめざすチャリティー活動

2019.2.19　文教大学湘南キャンパス
プロジェクター寄贈

2018.12.11 明海大学不動産学部に
ポータブルプロジェクターを寄贈

平成30年　福島復興支援のため、震災後毎年忘年会で行っているハワイアンズ

社内交流・社内行事・お客様向けイベント

2018.10.18　防災訓練

池上本門寺　初詣

2019.4.22　方針発表会

2019年入社式

2017.9.27　野球部

平成30年　忘年会での社員交流の様子　バドミントン

平成30年　忘年会での社員交流の様子
ドッジボール

平成30年　忘年会での社員交流の様子　サッカー

夏休みイベントの様子

2019.2.23
2019確定申告セミナー

おわりに

本書を最後までお読みいただきまして誠にありがとうございます。

住まいというものは、人生のなかで大きな割合を占めます。良い住まいの提供が幸せにつながると考えて、創業理念が生まれています。また、お客様の幸せをサポートするにあたって、私たち自身も幸せでなければなりません。そう考えて「人生を面白く生きよう」という考えに至り、これが本書のタイトル由来となりました。

本書の第1部では私なりに考えて実践を重ねてきた経験から、お客様への想い、会社への想い、社員への想いを述べさせていただきました。また第2部では、役員をはじめ、社員たちも考えを述べさせていただきました。

私たちのこの「想い」が1人でも多くの方々に届くと嬉しく思います。

最後になりますが、本書の執筆において、協力いただいた役員、社員の皆、また私を支えてくれた家族へも感謝の言葉を述べたいと思います。ありがとうございました。

これからも、あらゆる不動産ニーズにワンストップで応える総合不動産企業として、お客様一人ひとりに「幸せ」と「感動」を提供するべく邁進していきます。

令和元年9月吉日

リビングライフグループ代表　炭谷　久雄

【著者紹介】

炭谷　久雄（すみたに　ひさお）

昭和21年4月富山県射水郡大門町（現・射水市）生まれ。

昭和37年富山県立小杉高等学校入学。

昭和41年明治大学第二法学部入学、昭和48年中退後、同大学生活協同組合に勤務。

昭和50年から重機ミシン工業会社、建築会社での勤務を経て、平成2年に株式会社リビングライフ設立。

平成8年㈱東横建設代表取締役就任、㈱リビングセンター設立。

平成18年に朝日建設㈱を事業譲渡により㈱リビングライフの子会社として設立。

平成19年に㈱リビングコミュニティ、平成28年に㈱リビング建設を設立し、両社の代表取締役に就任する。

リビングライフグループ
〒158-0082
東京都世田谷区等々力5−4−15
リビングライフ本社ビル
Tel 03-5706-3166
https://www.living-life.co.jp

目標をもって人生を面白く生きる
— 住まいから始まる幸せの生涯設計を提案します

2019年9月26日　初版発行

著　者　　炭谷久雄
発行人　　今井　修
印　刷　　ニシ工芸株式会社
発行所　　プラチナ出版株式会社
〒160-0022　東京都中央区銀座1丁目13-1
ヒューリック銀座一丁目ビル7F
TEL 03-3561-0200　FAX03-3562-8821
http://www.platinum-pub.co.jp
郵便振替　00170-6-767711（プラチナ出版株式会社）

落丁・乱丁はお取り替えします。

ISBN978-4-909357-46-5